Wilfried Grenz

Vom Tellerrand zum Horizont

Wilfried Grenz

Vom Tellerrand zum Horizont

Gedankenanstöße zum Leben und Arbeiten als Führungsverantwortlicher

Trainerverlag

Impressum / Imprint
Bibliografische Information der Deutschen Nationalbibliothek: Die Deutsche Nationalbibliothek verzeichnet diese Publikation in der Deutschen Nationalbibliografie; detaillierte bibliografische Daten sind im Internet über http://dnb.d-nb.de abrufbar.

Bibliographic information published by the Deutsche Nationalbibliothek: The Deutsche Nationalbibliothek lists this publication in the Deutsche Nationalbibliografie; detailed bibliographic data are available in the Internet at http://dnb.d-nb.de.

Coverbild / Cover image: www.ingimage.com

Verlag / Publisher:
Der Trainerverlag
ist ein Imprint der / is a trademark of
OmniScriptum GmbH & Co. KG
Heinrich-Böcking-Str. 6-8, 66121 Saarbrücken, Deutschland / Germany
Email: info@verlag-trainer.de

Herstellung: siehe letzte Seite /
Printed at: see last page
ISBN: 978-3-8417-5074-7

Zum Geleit

Führung hat mit „Vorweggehen", nicht mit „Vorsichhertreiben" zu tun. Die alltägliche Arbeit einer Führungskraft besteht somit aus dem mutigen Vorweggehen und Vorwegdenken.

Die Erziehungsarbeit bei Kindern braucht die Wirkfaktoren Vorbild und Liebe. Bei der Führung sind wir von diesen humanistischen Faktoren gar nicht so weit entfernt.

In jedem Anzug muss ein Mensch stecken;
dieser muss sich auch verhalten wie ein Mensch.
Nur so kann er Vorbild für Menschen sein.

Das Verhalten von Führungskräften muss fair, klar und konsequent sein. Zur Führungsarbeit gehört es auch, bei sich selbst täglich die Einhaltung dieser drei Begriffe zu überprüfen.

- Bin ich klar?
- Bin ich fair?
- Bin ich konsequent?

Fazit: Fehlt eins, fehlt Führung.

Dr. Wilfried Grenz versteht es immer wieder,
in kleinen Impulsen diese Grundhaltung zu verdeutlichen.

Es tut auch manchmal weh,
sich selbst beobachten zu lassen
und in den Spiegel zu schauen.

Für den, der sich nicht gleich traut,
mit Dr. Grenz zusammenzuarbeiten,
ist die Lektüre dieser Aufsätze ein guter Einstieg.

Hans – Michael Strube

Den Mitarbeiter fördern und fordern

Das „Ich" im Mittelpunkt

Vorwort

Im Laufe meines Arbeitslebens bin ich vielen Menschen begegnet. Kontakte verblassten und hinterließen keine nachhaltigen Spuren in meiner Erinnerung. Allerdings ergaben sich auch Gespräche, die dazu inspirierten, Gedanken und Thesen zu reflektieren und bestimmte Fragestellungen näher zu beleuchten. An diesen Stellen sind die hier zusammengestellten Aufsätze entstanden. Jeder Aufsatz ist ein in sich geschlossenes System, so dass dieses Buch nicht von Anfang bis Ende gelesen werden muss, sondern je nach Interesse die Aufsätze in beliebiger Reihenfolge genutzt werden können.

Als Ort des Lesens und des Denkens steht wieder einmal der Wald zur Verfügung. Er hält als Arbeitsplatz drei wichtige Hinweise bereit:

- Jeder lebt und stirbt für sich allein
  – die Natur kennt kein Mitleid.

- Anpassungen sind nichts Peinliches
  – Symbiosen helfen beim Überleben.

- Rechte Winkel gibt es nicht
  – Quadrate können hier rund gedacht werden.

Diese Aufsätze sind alle zusammen Frederica, Sara und Maximilian gewidmet. Sie eröffnen mir durch ihr Engagement immer wieder Freiraum zum Denken, Essen, Schlafen und Schreiben in San Zeno di Montagna mit dem freien Blick über den See.

Mein Dank gilt auch dem Illustrator Wolfgang von der mlv Werbeagentur, der meine groben Illustrationsideen so perfekt in eine Gesamtharmonie gebracht hat. Vor allem aber Bert, Stephanie und all denen, bei denen ich immer wieder meine Texte abladen darf.

Nun denn, viel Erfolg beim Überschreiten der Tellerränder und dem Entdecken neuer Horizonte. Wie heißt es stets in der chinesischen Artistenwelt:

„Möge die Übung gelingen"

Einleitung

Der innere Aufbau eines Unternehmens -- am Bild eines Drachens am Himmel

Erfolgreiche Unternehmen zeichnen sich durch eine effektive und motivierende arbeitsteilige Organisation aus. Eine besondere Stellung nehmen hierbei die Führungskräfte der ersten und zweiten Verantwortungs- bzw. Führungsebene ein. Die Aufsätze dieses Buches haben besonders jenen Personenkreis vor Augen.

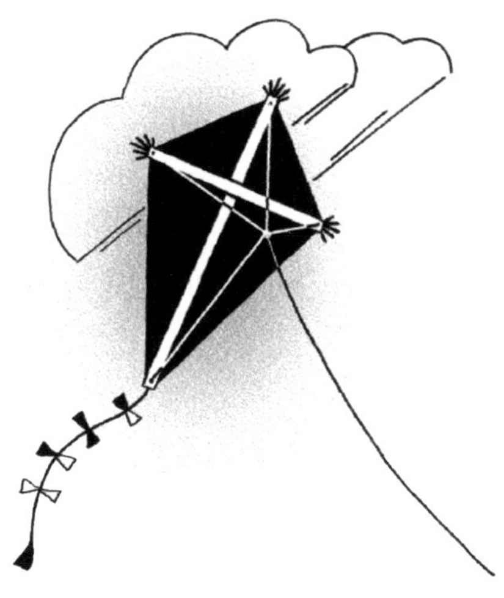

Ihre Stellung im Kontext des Unternehmens wird im Folgenden am Bild eines Drachens näher umrissen. In Unternehmen befinden sich an der unteren Hierarchiestelle Mitarbeiter, die einfache Arbeiten ausführen. Dieses geschieht in der Regel mit einer großen operativen Eingleisigkeit, bzw. einer Monotonie von sich wiederholenden Arbeitsabläufen.

An der Spitze steht die Unternehmensführung. Dort ist der Arbeitsalltag zwar von einer strategischen und repräsentativen Fülle, aber andererseits auch von einer operativen Eingleisigkeit geprägt; wenn auch mit einem erheblichen höheren Verantwortungsgrad.

Dazwischen, im oberen Drittel, befindet sich die Ebene der Dirigenten (Ministerialdirigenten in Ministerien, Oberer Führungskreis in Unternehmen, Gebietsdirektoren und Abteilungsleiter in Finanzinstituten). Sie leiten das Orchester der Mitarbeiter und verantworten so den Gesamtklang. Auf dieser Ebene entscheidet sich dementsprechend die operative Weite und die Kompetenzbreite des Unternehmens.

Wenn diese Außenpunkte miteinander verbunden werden, ergibt sich die Form eines Drachens. Alle sind miteinander verbunden durch die Arbeit an den Kunden. Die Kunden stellen quasi das Drachenpapier als Fläche dar. Eine große Gefahr geht davon aus, wenn der Kontakt zu den Kunden löcherig wird. Dann bläst der Wind hindurch und der Auftrieb kann nicht mehr genutzt werden. Diese Löcher können nicht nur am Ende oder am Rand, sondern an jeder Stelle der Drachenfläche entstehen.

Damit der Drachen nicht bei Wind zusammenklappt, wird eine Stabilität durch die beiden Leisten erreicht. Horizontal wird diese Leiste durch die Zusammenarbeit der zweiten Führungsebene und vertikal durch die Zusammenarbeit aller Ebenen gebildet. Das besondere Merkmal dieser Leisten ist, dass an diesen Stellen keine

Teamarbeit stattfindet, da alle Beteiligten an unterschiedlichen Stellen der arbeitsteiligen Organisation eingesetzt sind. Auch hier besteht die Gefahr, dass die Querverstrebung bricht, weil beispielsweise ein Bereich zu schwach ist oder weil die erste Führungsebene, sich zu sehr nach unten neigt. Der Drache gerät ins Ungleichgewicht und entwickelt suboptimale Flugeigenschaften.

Ab dem Bereich der dritten Führungsebene, der Gruppen- oder Geschäftsstellenleiter, ist eine Teamentwicklung innerhalb der Abteilungen durch die Gleichartigkeit der Arbeit erreichbar. Allerdings ist diese Teamentwicklung nur bedingt auf der zweiten Führungsebene, der Abteilungsleiterebene möglich. Hier findet keine gegenseitige Vertretung, sondern eine Zusammenarbeit in geöffneten Kommunikationsstrukturen und mit einer effektiven Schnittstellenarbeit statt. Dieses wird geprägt durch den Respekt vor dem Anderen mit seinem individuellen Leitungsauftrag und seinem Abteilungsarbeitsgebiet.

Für die Stabilität der vertikalen Leiste des Drachens ist es entscheidend, dass der Einzelne die spezielle Arbeitssituation des Kollegen versteht. Es ist vergleichbar mit der Situation, wo Personen mit verbundenen Augen an verschiedenen Stellen eines Elefanten stehen. Die Augenbinden müssen abgenommen werden und deutlich gemacht werden, dass alle an demselben Elefanten stehen. Wenn sich der Elefant im Arbeitsalltag auch unterschiedlich darstellt; je nachdem, an welcher Stelle im Unternehmen der einzelne Mitarbeiter engagiert ist. Der Mitarbeiter am Bauch empfindet den Elefanten als groß und flächig, der am Rüssel als biegsam und rund und der am Bein steht ihn als rund und standhaft.

Gelenkt wird der Drachen am Himmel durch die Unternehmensstrategie. Diese Schnur muss alle Eckpunkte umfassen, aber an einer Stelle in der Mitte zusammenlaufen. Problematisch ist es, wenn die Schnur an einer Ecke abreißt. Der Drachen fliegt nicht mehr im Gleichgewicht und ist nur noch bedingt lenkbar. Keinen Einfluss hat der Drachen auf die Außenwelt, den Wind. Stürme auf dem Weltwirtschaftsmarkt können ihn zerfetzen und rezessive Flauten können ihn hilflos zur Erde sinken lassen.

Eine zusätzliche Sicherheit im Wind und auch eine Schönheit für die Betrachter am Boden erhält der Drachen durch seinen Schwanz. Dieses sind die gesellschaftlichen Systeme, die der Drache mit am Himmel hält: Die Familien, die von den Gehältern leben, die Initiativen, die durch Spenden und Stiftungen unterstützt werden. Auch hier sollte darauf geachtet werden, dass der Kontakt, der Faden zu den Einzelelementen des Schwanzes, nicht abreißt, sondern sorgsam gepflegt wird.

Die Puschel an den Eckpunkten des Drachens sind die Elemente, die eine besondere Aufmerksamkeit der Umwelt verursachen. Sie machen für die Zuschauer den Drachen noch schöner und für die Öffentlichkeit das Unternehmen beachtens- und beredenswerter.

Elementar nimmt folgender Faktor entscheidenden Einfluss auf den Flug des Unternehmens: Wenn eines der Einzelteile des Drachens fehlt oder die Aufgabe für das Unternehmen nicht richtig erfüllt wird, weil er es nicht kann oder er es nicht will, dann beginnt der Drachen zu trudeln und er stürzt ab.

Das stellt besonders an die Führungskräfte der ersten und zweiten Ebene eine Anforderung. Es gilt hier die Befindlichkeit aller Mitarbeiter im Blick zu behalten. Egal, an welcher Stelle des Unternehmens sie sich einbringen – und auf keinen Fall irgendjemanden geringschätzig zu übersehen. Daneben gilt: Stützen und Führen kann nur der, der ein Rückgrat, ein Selbstkonzept hat. Die Verantwortung über deren Qualität obliegt jeder Führungskraft individuell und für sich allein.

Der Blick von oben

1. „Das Vernünftige"

-- ein Aufsatz für Sven F. und Hans-Jörg M.

Im Jahre 1902 formulierte Georg Bernhard Shaw

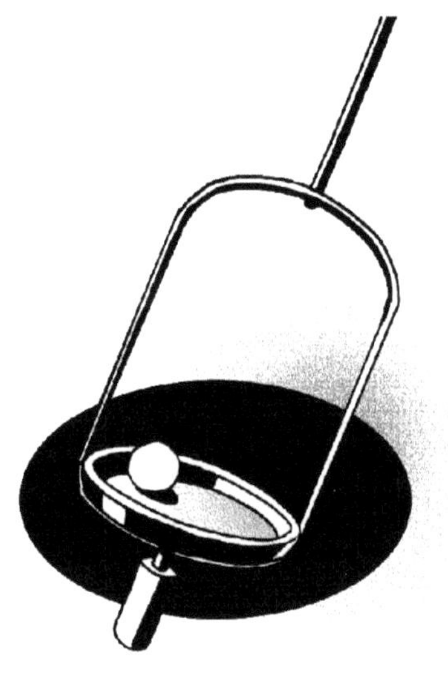

„Der vernünftige Mensch passt sich der Welt an.

Der Unvernünftige besteht auf dem Versuch, die Welt sich anzupassen.

Deshalb hängt aller Fortschritt vom unvernünftigen Menschen ab."

Stellt sich grundlegend die Frage: Was ist Vernunft? Für Immanuel Kant ist die Vernunft das Vermögen die Verstandeserkenntnis zu ordnen und das Vermögen nach Prinzipien zu denken. Grundlage für vernünftige Entscheidungen sind somit die Prinzipien. Es gibt aber keine a priori vernünftigen Prinzipien, sondern nur vernünftige Entscheidungen für das situativ Richtige – eine Kompetenz, die auch als Weisheit bezeichnet wird.

Gott gebe mir die Gelassenheit Dinge hinzunehmen,
die ich nicht ändern kann;
den Mut Dinge zu ändern, die ich ändern kann und
die Weisheit, das eine vom anderen zu unterscheiden.

Im Alltag wird diese Weisheit als Handlungsprinzip durch Taten wirksam. Es wird entschieden, ob ein gelassenes Erdulden oder ein mutiges Eingreifen vernünftig ist und diese Entscheidung muss dann auch umgesetzt werden.

Wenn GB Shaw so verstanden wird, dass Vernunft Passivität und Unvernunft Aktivität bedeutet, hat er recht, dass natürlich jede Bewegung und damit auch jedes Fortschreiten von dem unvernünftigen Menschen ausgeht. Aber ob die Folgen des Fortschreitens und die Konsequenzen des Fortschritts positiv oder negativ zu bewerten sind, ist eine Frage der Prinzipien – und damit eben der Vernunft als Vermögen reflexiv zu denken und weise zu entscheiden.

Die Kompetenz vernünftig zu denken, die situative Relevanz von Prinzipien zu bewerten und zu weisen Entscheidungen zu gelangen, ist uns Menschen nicht angeboren, sondern ein Ergebnis von Kontemplation und Interaktion.

Die Kontemplation

Nur ich allein kann die Frage beantworten, auf welchen Wegen und nach welchen Prinzipien ich mich bewege. An dieser Stelle ist es wesentlich, sich auf sich selbst und seine Bedürfnisse zu konzentrieren. Die Klärung der eigenen wichtigen Prinzipien geht hier definitiv vor einer Fremdorientierung, welche Prinzipien für andere wichtig oder hilfreich sein könnten. JP Sartre betonte zu recht: Der Mensch ist frei! Er meinte damit, dass der Mensch in seinen sozialen Beziehungen frei ist, sein Leben zu entwerfen und zu gestalten. Jeder hat die Aufgabe, seine Werte im Handeln und seine Prinzipien der vernünftigen Entscheidungen selbst festzulegen. Das bleibt nicht folgenlos für die soziale Umwelt. Oder wie Sartre formulierte: „In dieser Welt, in der ich mich engagiere, scheuchen meine Handlungen Werte wie Rebhühner auf."

Die Umsetzung meiner vernünftigen Entscheidungen – entsprechend meiner individuellen Prinzipiensetzung – findet im Kontext meiner sozialen Umwelt statt und zieht damit interdependente Konsequenzen nach sich.

Die Interaktion

Diese Interdependenzstruktur beinhaltet Wechselwirkungen dahingehend, dass die Entscheidungen des einen als Ursache auf die Entscheidungen des anderen als Wirkung Einfluss nehmen. Zu dieser Relation von Kausalität und Dependenz formuliert Kant im kategorischen Imperativ die Grundforderung: „Handle nur nach derjenigen Maxime, durch die du zugleich wollen kannst, dass sie ein allgemeines Gesetz werde."

Das heißt, ich muss die vernünftigen Entscheidungen entsprechend meiner individuellen Prinzipien den Menschen meiner sozialen Umwelt verdeutlichen. Diese Vernunftgründe müssen nach Kant für jedes vernünftige Wesen einsehbar und damit zwingend sein. Er spricht an dieser Stelle sogar von einem Vernunft-Gesetz.

Es bleibt die wichtige Aufgabe der Interaktion mit dem sozialen Umfeld; denn Vernunft als Kompetenz zum Ordnen und Denken entsteht besonders im Diskurs. Das bedeutet auch immer dort, wo Menschen aufeinander zu gehen und einander zu verstehen versuchen. Die Prinzipien, die mir gut tun, kann ich nicht im meinem Umfeld rücksichtslos durchsetzen, sondern ich muss ebenfalls die Prinzipien berücksichtigen, die unser Zusammenleben positiv prägen.

Es bleibt die Aufgabe der situativen Entscheidung zwischen den beiden Polen, die in der Bergpredigt formuliert sind:

Liebe Deinen Nächsten wie Dich selbst.

Es gibt beide Eckpunkt, wobei keiner als der grundsätzlich bessere zu bewerten ist. Sowohl die selbst sichernde Eigenliebe als auch die Karitas, die den Anderen ins Zentrum des Handelns stellt. Grundsätzlich finden die Entscheidungen als eine Pendelbewegung zwischen Egoismus und Altruismus statt.

Darüber hinaus muss ich weise entscheiden, was situativ vernünftig ist und daneben aushalten, wenn der Andere in seiner Weisheit zu gegensätzlichen, aber für ihn vernünftigen Ergebnissen kommt.

2. „Das Bergbesteigen"

-- ein Aufsatz für Michael R. und Michael H.

Probleme gehören zum Arbeitsalltag dazu.

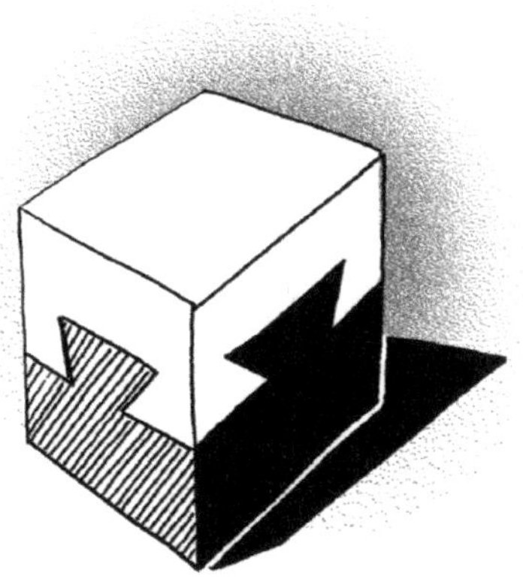

Anspannung und Entspannung – Problemstellungen und Problemlösungen garantieren einen abwechslungsreichen Arbeitsalltag, der so eine geistige Geschmeidigkeit erhält.

Problemfreies Arbeiten an Akten oder am laufenden Fließband verursacht eine Monotonie des Denkens.

Unbefriedigend wird eine Situation dann, wenn sich ein Problem wie ein Berg in den Weg stellt und anscheinend kein Weg in die Höhe führt. Zusätzlich stellt sich ein Sackgassengefühl ein, wenn es nicht die Möglichkeit einer Umgehung gibt.

So beispielsweise der Tischler, der den Auftrag bekommt, einen Würfel zu bauen, der sich aus zwei unterschiedlichen Holzarten zusammensetzt, aber in seine Einzelteile einfach zu lösen sein soll.

Der Tischler fand auf Anhieb keine Lösung. Was seine Berufserfahrung als eingetretenen Weg vorschlug, erwies sich lediglich als nicht praktikable Möglichkeit.

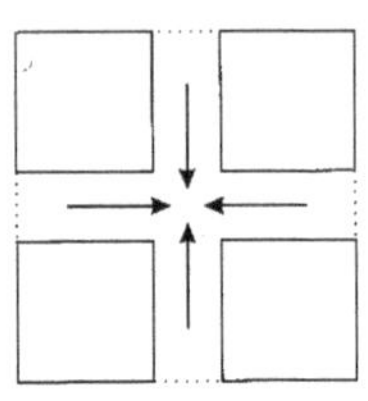

Für einen Mitarbeiter, der gewohnt ist, sich in geordneten Bahnen des Denkens zu bewegen, führen solche Aufgabenstellungen ohne klare Lösungsstrukturen in angespannte Arbeitssituationen. Er geht dementsprechend diesen Situationen lieber aus dem Weg, als sie offensiv in Angriff zu nehmen. Der klassische Weg an dieser Stelle die einfache „Ich-bin-dafür-nicht-zuständig Erklärung".

Wenn aber die eigene reflexive Kompetenz diese Erklärung nicht zulässt oder es keinen Bereich im Unternehmen gibt, an den das Problem ohne große Unruhe abgegeben werden kann, bleibt oft nur als letzter Ausweg, das Problem zu verniedlichen. Aber der Problemberg bleibt.

Jedes Unternehmen, jede Arbeitsorganisation, jede soziale Lebensform hat in der Regel individuelle Formen entwickelt, wie solche ungelösten Problemberge in die Landschaft integriert werden. Allerdings leidet der Weitblick und die Wahrnehmung der Anderen an dieser Stelle; wenn zu viele Problemberge jegliche Sicht verstellen.

Zurück zum Tischler: Gemäß der Lebensmaxime „Wer A gesagt hat, muss auch B sagen", bearbeitet er den problematischen Arbeitsauftrag.

A – er ist ein Tischler;
B – also ist er für diesen Auftrag zuständig.
A – er ist ein Profi;
B – also darf er nicht versagen.

Aber es bleibt die Situation:
A – er kann das Problem nicht lösen;
B – also erklärt er seine „Nichtzuständigkeit".

Dementsprechend gibt der Tischler den Auftrag beispielsweise an ein Ingenieurbüro weiter und verliert aber dadurch einen Kunden.

Bert Brecht formulierte für dieses Verhaltensmuster einen interessanten Hinweis. Sein Nein – Sager führt aus: „Wer A sagt, der muss nicht B sagen. Er kann auch erkennen, dass A falsch war." Für den Tischler bedeutet dieser Paradigmenwechsel: Er muss nicht B sagen und seine Nichtzuständigkeit erklären, sondern er kann erkennen, dass A falsch ist. Er kann nämlich das Problem lösen – mit Hilfe von außen!

Wenn nun der Tischler diese Entscheidung gefällt hat, sieht er den großen Problemberg aus einer neuen Perspektive. Nicht mehr als Ursprungsort einer Niederlage, eines Scheiterns, sondern als Ursprungsort einer persönlichen Weiterentwicklung, eines Kompetenzausbaus.

Für den Tischler bedeutet es nun, die „Vor-dem-Berg-Stehen" Situation konstruktiv dahin gehend zu bewältigen, sich einen kompetenzerweiternden Helfer auszusuchen. Dadurch erhielt er die Lösung von außen:

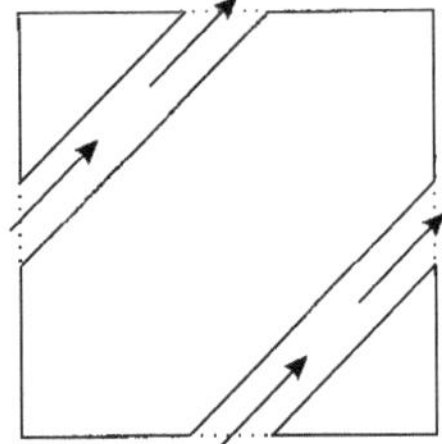

Grundlegend für diese Optimierungsbewegung ist die Entscheidung des Tischlers für die Planung und die Umsetzung einer externen Beratungsarbeit.

Papst Johannes XXIII hat in seinen „Zehn Regeln der Gelassenheit" formuliert:

Heute, nur heute werde ich
ein genaues Tagesprogramm aufstellen.

Vielleicht halte ich mich nicht genau daran,
aber ich werde es aufsetzen.

Und ich werde mich vor zwei Übeln hüten:
vor der Hetze und vor der Unentschlossenheit.

An dieser Stelle wird oftmals ein fachlicher Kollege benötigt, um einen kompetenten externen Berater auszuwählen. Damit nicht ergebnislos Zeit- und Geldressourcen verschwendet werden, weil ein inkompetenter Berater beauftragt wurde; denn der Grundsatz bleibt:

Addierte Inkompetenz ergibt keine Kompetenz.

3. „Das Wasserglas ist halb voll oder halb leer"

-- ein Aufsatz für Nadin G. und Uwe E.

Uralt ist die ungelöste Fragestellung:

Ist das Wasserglas halb voll oder halb leer?

Die Antwort stellt kein Problem dar, wenn man dem physikalischen Ansatz folgt:

Jeder Zustand umfasst 50 % der „Glasressource" und steht so gleichberechtigt gegenüber.

Wenn allerdings beispielsweise im Unternehmen eine Entscheidung zur Weiterarbeit einer Unternehmensentwicklung gefällt werden soll, muss eine Priorität gesetzt werden. Dieses öffnet immer wieder den Weg in einen Diskurs oder gar einen Disput.

Problematisch ist, dass beide Sichtweisen grundsätzlich richtig sind und erst durch die individuelle Bewertung die eine als die richtige eingeschätzt wird. Wenn Ruhe erwünscht wird, ist das Glas schon mal halb voll, weil eine Menge erreicht wurde. Wenn eine Weiterentwicklung das Zielfeld darstellt, ist es noch halb leer. Oftmals stellt sich hier eine Diskrepanz bei der Sachstandsbeurteilung der

Entwicklungsarbeit im Unternehmen ein. Aber beide Sichtweisen sind richtig, je nachdem aus welchem Blickwinkel die Sachlage betrachtet wird. Entscheidend für die Bewertung ist die Orientierung im Kopf des Betrachters – ist das Wasserglas schon halb voll oder noch halb leer.

Das Glas ist halb voll: Vertreter dieser Sichtweise betonen, dass Veränderungen strukturiert und durchgesetzt wurden. Jetzt muss Ruhe einkehren und der Alltag erlebt werden.

Das Glas ist halb leer: Hier wird häufig der Standpunkt eingenommen, dass den Veränderungen weitere folgen müssen. Es werden dafür Entscheidungen benötigt und somit besteht weiterhin Handlungsbedarf.

Erst wenn die unterschiedliche individuelle Bewertung im Gespräch deutlich wird, kann geklärt werden, welcher Sichtweise handlungsleitend für die Prioritätensetzung im Sinne des Unternehmens der Vorrang für die Weiterarbeit zu geben ist.

Um aus einem Ping – Pong - Spiel auszusteigen, wo ergebnislos nur richtige Argumente der jeweiligen Sichtweise hin und her gegeben werden, haben sich konkret fünf Schritte zur Strukturierung einer Weiterarbeit als hilfreich erwiesen.

1. Schritt:

Offene Kommunikation: Nach welchen inhaltlichen Prioritäten bewertet der Einzelne den Inhalt des Glases, die Situation?

2. Schritt:

Es wird geklärt: Wer hat bei der Entscheidung einer Weiterentwicklung die finale Entscheidungsgewalt?

3. Schritt:

Der Kompetenzinhaber fällt nach Berücksichtigung aller individuellen Bewertungen eine klare Entscheidung im Sinne des Unternehmens.

4. Schritt:

Die Entscheidung mit den implizierten Auswirkungen wird im Unternehmen eindeutig kommuniziert und nachhaltig umgesetzt.

5. Schritt:

Die Umsetzung wird konsequent kontrolliert - Hinweise aller Ebenen dazu sind zugelassen - und vom Kompetenzinhaber gegebenenfalls korrigiert im Sinne einer optimalen Weiterentwicklung.

Grundsätzlich gilt es zu beachten, dass jede Entscheidung über die Struktur der Weiterarbeit mit einer allgemeinen Zustimmung erfolgen sollte. Wobei im weiteren Verlauf sich das Feld der Beteiligten in der Regel auseinander zieht. Einige sind die treibende Kraft, andere bleiben bei dem Tempo auf der Strecke. Manchmal sind sie einfach etwas langsamer, sind schlicht überfordert, weil sie am falschen Platz eingesetzt sind oder wollen sowieso gar nicht mitziehen.

Jede verantwortliche Führungskraft muss hier führend eingreifen und darf hinderndes Verhalten nicht unkommentiert lassen. Ein Pferdegespann wird im Graben landen, wenn nicht die Zugkraft und individuelle Zugrichtung jedes Pferdes durch den Wagenlenker auf dem Kutschbock zu einer gemeinsamen Kraft gebündelt wird.

4. „Die Fragestellung einer Weiterentwicklung"

-- ein Aufsatz für Doris S. und Joachim G..

In der Erkundungsphase bewegt ein Unternehmer, Geschäftsführer oder allgemein eine Führungskraft die Überlegung, ob er sich auf einen externen Berater einlassen will oder nicht. Im Laufe vieler Jahre der Beratungsarbeit in kleineren und mittelständischen Unternehmen ist deutlich geworden, dass sich an dieser Stelle oftmals eine grundlegende Frage an den Berater herauskristallisiert:

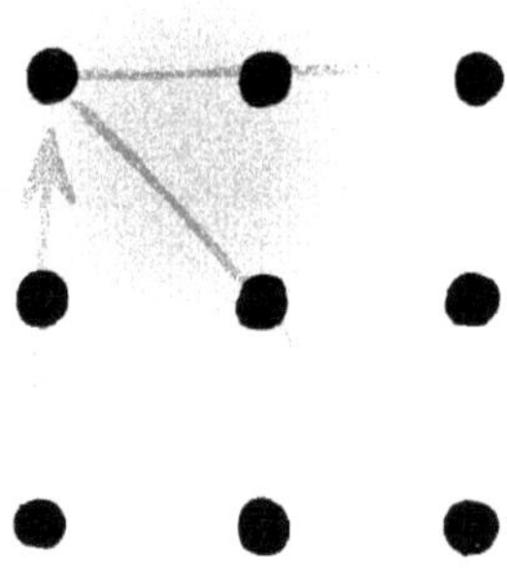

Welches Problem machen Sie weg?

Bei dieser Frage ergibt sich die kuriose Situation, dass die externe Unterstützung erst einmal die Probleme im Unternehmen deutlich macht, von deren Existenz die Insider noch gar nichts ahnten. Die Eckwerte im täglichen Miteinander stimmen und so fällt das Durcheinander dazwischen nicht weiter auf. Im folgenden Artikel stimmen auch die Eckwerte – der Anfangs- und der Endbuchstabe – und so wird ein erstaunliches Ergebnis erzielt, obwohl zwischen den Eckwerten das reinste Chaos herrscht.

<u>Die Bcuhstbaenrehenifloge in eneim Wrot ist eagl</u>

Ncah enier nueen Sutide, die uetnr aerdnem von der Cmabirdge Uinertvisy dührruchgeft wrdoen sien slol, ist es eagl, in wlehcer Reheniflоge Bcuhstbaen in eneim Wort sethen, Huaptschae, der esrte und ltzete Bcuhstbae snid an der rhcitgien Setlle.

Die rsetclhien Bshcuteban kenönn ttoal druchenianedr sien, und man knan es tortzedm onhe Poreblme lseen, wiel das mneschilhce Gherin nhcit jdeen Bcuhstbaen enizlen lesit, snodren das Wrot als Gnazes. Mit dem Pähonemn bchesfätgein scih mherere Hhcochsluen, acuh die aerichmkianse Uivnäseritt in Ptstbigurh. Esrtmlas üebr das Tmeha gchseibren hat aebr breteis 1976 - und nun in der rgchitien Bruecihhsetnafoelngbe - Graham Rawlinson in sieenr Dsiestraiton mit dem Tetil „The Significance of Letter Position in Word Recognition" an der egnlsiecehn Uitneivrsy of Ntitongahm.

Das verdeutlicht das Problem mit den Problemen: Wie bei diesem Artikel bewirkt das Gehirn im Arbeitsalltag des Unternehmens eine Anpassung an die Schieflage in manchen Bereichen. Die gesamte Situation wird für normal gehalten, weil man das Problem nicht mehr wahr nimmt und letztendlich auch Arbeitserfolge zu verzeichnen sind.

Bei dem ersten Schritt zur Bearbeitung der gewohnten Strukturen im Arbeitsalltag muss die Strategie genutzt werden, die auch zur Lösung der folgenden Aufgabe führt. Die Aufgabe „Verbinden Sie die neun Punkte mit vier zusammenhängenden geraden Strichen wie bei ‚Dies ist das Haus vom Nikolaus' ohne den Stift abzusetzen" kann nur mit einer einzigen entscheidenden Strategie gelöst werden.

Unser Gehirn als Gestaltbildungsorgan nimmt allerdings die Menge der Einzelelemente als Ganzes auf und gibt ihm eine Gestalt des Ganzen. Dadurch entsteht eine Abgrenzung des Gebildes zur Umwelt. Wenn nun Lösungen für das Gebilde gesucht werden, wirkt diese Grenze oftmals wie ein Teufelskreis, aus dem es kein Entrinnen gibt. Die Aufgabe ist dadurch unlösbar geworden. Es ist irrelevant, mit wie viel Elan innerhalb des Gebildes an der Lösung gearbeitet wird. Die Lösung wird erst dann erreicht, wenn die Strategie eingesetzt wird, sich über die Grenzen des Gebildes hinauszubewegen.

Die Problemerkenntnis, wo welches Chaos zwischen welchen Eckpunkten herrscht, ergibt sich oftmals nur durch eine Draufsicht auf das Unternehmen von außen. Allerdings müssen die Ansätze zur Problembearbeitung für den Arbeitsalltag des Unternehmens effektiv und praktikabel sein.

Es darf nicht bei der Linienführung aus dem Gebilde heraus bleiben, sondern der zweite Strich muss wieder in das Gebilde hineinführen. Die Optimierungsbewegung muss wieder in das Unternehmen hineinreichen. Sonst ergibt sich die Situation vieler Fortbildung: Es war zwar nett, ist aber nicht in das tägliche Leben vor Ort übertragbar. Erfolgreiche und effektive Beratungen führen dementsprechend bei der Weiterentwicklungsarbeit sowohl aus dem Unternehmen heraus, als auch in den Arbeitsalltag hinein.

Der Ursprung jeder Intervention, bei denen die zurzeit herrschenden Bedingungen in Bewegung gebracht werden und ein externer Berater hinzugezogen wird, liegt bei dem Unternehmer. Daneben entscheidet auch der Mut des Unternehmers über die Qualität der Umsetzung der Interventionen. Ob er bereit ist, die Situation im Unternehmen objektiv zu reflektieren und nachhaltig zu optimieren.

„Fortschritt ist nicht das Bewachen der Asche,
sondern das Weitergeben des Feuers."

5. „Gemeinsam zum Unternehmenserfolg"

-- ein Aufsatz für Klaus E. und Reinhard B.

In vielen Unternehmen besteht die Situation, dass die Mitarbeiter sich im Arbeitsalltag in einzelnen Sympathiecliquen gefunden haben.

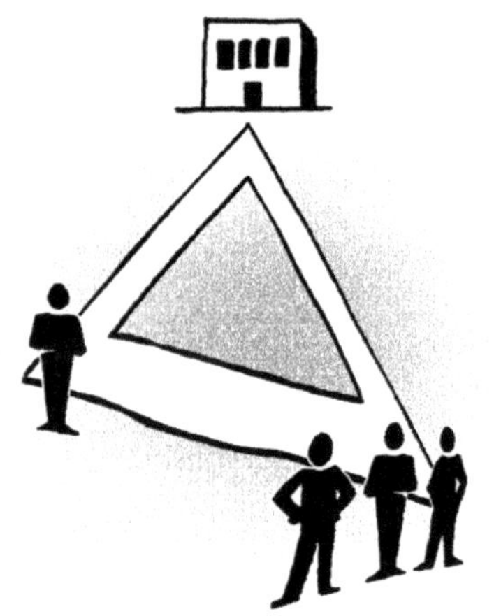

Dadurch erschwert sich meist eine kooperative Zusammenarbeit zum Unternehmenserfolg.

Jede Clique verfolgt ihre eigenen Ziele und tritt den anderen Cliquen oft eher ablehnend gegenüber.

Diese Spannungen im Arbeitsalltag führen zu dem Zustand, dass Mitarbeiter nur eine geringe oder gar keine emotionale Bindung direkt zum Unternehmen aufweisen. Eine Erhebung vor einigen Jahren zeigte auf, dass in Deutschland nur 12 % der Mitarbeiter eine hohe emotionale Bindung zum Unternehmen angeben.

Eine Förderung für diese Unternehmen ergibt sich durch die Erarbeitung einer neuen Form, bei der erreicht wird, dass durch eine Zielklärung in verschiedenen Bereichen der individualisierte Umgang der Mitarbeiter mit der augenblicklichen Arbeitssituation aufgebrochen wird. In der Regel gibt es in Unternehmen eine arbeitsteilige Struktur, bei der im Arbeitsalltag unterschiedliche Kompetenzen einzelner Mitarbeiter an den jeweiligen Arbeitsplätzen zum Unternehmenserfolg beitragen. Gemeinsam mit den Mitarbeitern müssen an dieser Stelle Absprachen für die Arbeit im Unternehmen entwickelt werden, die für jeden Mitarbeiter Gültigkeit haben.

Grundsätzlich nimmt jeder Mitarbeiter an seiner Stelle im Unternehmen Einfluss auf die Wirkfaktoren in den drei Bereichen Produkt, Team und eigene Person. Für eine optimale Arbeit im Unternehmen ist es deshalb wesentlich, dass nicht jeder Mitarbeiter seine eigenen oder Cliquen Vorstellungen im Arbeitsalltag umsetzt, sondern die Zielrichtung des individuellen Engagements in diesen drei Bereichen allgemeingültig definiert ist. Ein Unternehmen braucht hierfür Unternehmensvereinbarungen, die klar formuliert sind und bei denen geklärt ist, welche Inhalte den einzelnen Bereichen zugeordnet werden.

Die Unternehmensvereinbarungen setzen sich dabei aus drei Vereinbarungen zusammen, bei denen jeweils ein Wirkfaktor - Bereich im Mittelpunkt steht:

- In einer Qualitätsvereinbarung wird der Umgang mit dem Unternehmensprodukt und den Kunden definiert.
- Die Parameter der Zusammenarbeit im Team werden in einer Solidaritätsvereinbarung geklärt.
- Die Forderungen an den individuellen Arbeitsansatz eines jeden Mitarbeiters finden in der Engagementvereinbarung ihren Ausdruck.

Bei der Erarbeitung dieser Unternehmensvereinbarungen ist es wesentlich, dass der einzelne Mitarbeiter beteiligt ist und sich in ihnen wieder findet. Es wird so eine intrinsische Motivation beim einzelnen Mitarbeiter aufgebaut, die festgelegten Unternehmensvereinbarungen im Arbeitsalltag auch umzusetzen. Daneben stellt die Würdigung seiner persönlichen Anliegen im Rahmen der Arbeit zu den Unternehmensvereinbarungen einen wichtigen Faktor der Mitarbeiterbindung an das Unternehmen dar. Dieses wird heute umso dringlicher, da der wachsende Fachkräftemangel es immer schwerer macht, ausscheidende Mitarbeiter adäquat zu ersetzen.

Bereits vor zehn Jahren hat der Leiter der Personal- und Führungskräfteentwicklung der Porsche AG betont, dass an erster Stelle bei einem Firmenwechsel eine Unzufriedenheit mit den Entwicklungsmöglichkeiten und der Wertschätzung des Mitarbeiters vorliegt. Diese Vereinbarungen sollten dementsprechend nicht von oben festgelegt werden, sondern gemeinsam mit den Mitarbeitern erarbeitet und formuliert werden. Im Rahmen der Teamentwicklung wird so ein Übergang aus der Positionierungsphase, bei der individuelle Sichtweisen ausgetauscht werden, zur Organisationsphase, wo jetzt gemeinsame Standpunkte festgelegt werden, beschritten.

Darüber hinaus hat es sich als effektiv herausgestellt, wenn die Unternehmensvereinbarungen in Mitarbeiterjahresgesprächen erörtert werden und die Zustimmung des Mitarbeiters individuell eingeholt wird. Das Mitarbeiterjahresgespräch stellt ein effektives Instrument dar, um die Planungs- und Steuerungsanspruch der Unternehmensführung mit den Bedürfnissen und Anliegen des Mitarbeiters in Einklang zu bringen.

Ein grundsätzlich positiver Effekt von Mitarbeiterjahresgesprächen besteht weiterhin darin, dass der Austausch zwischen Führungskräften und Mitarbeitern über die Zielvisionen der Unternehmensvereinbarungen zu einem größeren Verständnis füreinander führt. Man kennt sich und die individuellen Standpunkte besser, auch wenn man durch Hierarchiestufen getrennt im Unternehmen unterschiedliche Aufgaben zur Steigerung des Unternehmenserfolges wahrnimmt. Denn letztendlich ist jeder Arbeitsplatz vom gemeinsamen Unternehmenserfolg abhängig.

Jede arbeitsteilige Organisation bedingt individuelle und manchmal sogar stark divergierende Beiträge zum Unternehmenserfolg. Damit hier nicht ein destruktives Gegeneinander, sondern ein konstruktives Miteinander gewährleistet ist, sollte jedes Engagement in die gemeinsamen Unternehmensvereinbarungen eingebettet sein.

6. „Die dialektischen Regeln des Platon"

-- ein Aufsatz für Frauke D. und Dirk N.

Grundsätzlich gehören Konflikte zum Leben dazu. Es ist wichtig, dieses zu akzeptieren und nicht jegliche Konflikte vermeiden oder verhindern zu wollen.

Konflikte ziehen nicht generell negative Folgen nach sich. Es stellen sich eher dann destruktive Folgen ein, wenn ein Konflikt unter den Teppich gekehrt wird und dort gärt.

Ein Konflikt bedeutet, dass eine Entscheidung zwischen zwei Möglichkeiten gefunden werden muss. Dabei können diese Möglichkeiten sowohl mit negativen als auch mit positiven Konsequenzen verbunden sein.

Dieser Entscheidungszwang führt oft in eine belastende und angespannte Gefühlslage und löst so Verunsicherung und Ungewissheit aus. Dabei wird ein Druck erzeugt, die Störung zu überwinden, welcher in eine positive Kraft zur Bearbeitung des Konfliktes verwandelt werden kann. Dieses gilt sowohl für innere Konflikte in einer Person als auch für äußere Konflikte, an denen mindestens zwei Personen beteiligt sind.

Der Soziologe Dahrendorf weist darauf hin, dass ein sozialer Konflikt als verändernde Kraft einer Gesellschaft, eines Unternehmens unterschiedliche Funktionen erfüllen kann. So werden durch Konflikte Unterschiede bearbeitet und es entsteht eine Komplexität in einer Gruppe. Weiterhin wird das Bestehende auf seine augenblickliche Relevanz hin überprüft. Überholtes wird verändert und Bewährtes stärker implementiert. So haben die Turnschuhe im Landtag dazu geführt, dass die Kleiderordnung bei Abgeordneten gelockert wurde, weil sie nicht mehr zeitgemäß war. Aber die Frackordnung der Bediensteten im Bundestag blieb bestehen, weil dadurch die Würdigung des Hauses weiterhin gewahr bleiben sollte.

Jede Konfliktbearbeitung kann in ein positives Klima gebettet werden, wenn die drei dialektischen Regeln des Platon beachtet werden.

- Verhalte dich alterozentriert.
  (d.h. achte auf den Anderen. WG)
- Erreiche eigene und fremde Emotionalität.
  (d.h. baue ein persönliches Engagement auf. WG)

- Stelle Dich auf die kommunikativen Bedürfnisse deines Partners ein. (d.h. rede mit ihm und nicht auf ihn ein. WG)

Was bedeuten diese Regeln konkret für die Konfliktbearbeitung?

Alterozentrierung stellt den Anderen in den Mittelpunkt!

Es geht darum, den Anderen für die eigenen Ziele zu begeistern. Dazu ist es wesentlich, den Gesprächspartner nicht mundtot zu machen, sondern ihn von der Relevanz der eigenen Sichtweise zu überzeugen.

Emotionalität bringt mich und den Anderen
auf eine Seite!

Es geht darum, den Anderen in die eigenen Ziele mit einzubeziehen. Hierfür ist es wichtig, die eigenen Ziele und Umsetzungswege frühzeitig zu diskutieren. Dieses muss offen und nicht hinter verschlossenen Türen geschehen. Eine effektive Zusammenarbeit im Unternehmen lässt sich mit Lobbyismus nicht vereinbaren.

Die kommunikativen Bedürfnisse des Anderen
sind ein wesentlicher Wirkfaktor!

Zum einen gilt es, die kommunikativen Kompetenzen des Anderen zu beachten. Ich soll mit ihm reden und nicht auf ihn einreden. Des Weiteren ist ein wesentlicher Wirkfaktor, ob er überhaupt mit mir über die Gesprächsinhalte offen reden will. Wenn ich versuche, ihn wie eine Muschel aufzubrechen, ist das Gespräch von vorneherein zum Scheitern verurteilt.

Als Zielfeld jeder Konfliktbearbeitung sind nicht die faulen Kompromisse einer allgemeinen Gleichbehandlung anzustreben, sondern Entscheidungen mit unterschiedlichen Konsequenzen – je nach den individuellen Bedürfnissen.

Die Universität Harvard erzählt zu diesem Ansatz einer Verhandlungsstrategie eine Geschichte.

Die Geschichte zum Harvard-Prinzip

Regula, die Mutter zweier Kinder, hat noch eine einzige Orange in der Früchteschale. Da kommen beide Töchter angerannt. Sie rufen gleichzeitig: Ich will die Orange unbedingt haben!

Was tun? Soll die Mutter Regula die Frucht behalten? Soll sie eine Münze werfen? Oder soll sie Anna und Lea um die Orange kämpfen lassen? Soll sie die Orange zerschneiden und als Kompromiss jeder Tochter eine halbe Orange geben? Intuitiv macht die Mutter das Richtige und fragt ihre Töchter: Warum wollt ihr die Orange unbedingt haben?

Anna will einen Kuchen backen und braucht dazu nur die Schale. Lea hat Durst und möchte den frisch gepressten Orangensaft trinken. Die Orange ohne Schale genügt ihr.

Nach der Klärung der Bedürfnisse ist die Lösung plötzlich einfach. Die beiden unterschiedlichen Interessen lassen sich berücksichtigen, indem Anna die Schale und Lea die geschälte Orange bekommt. Beim klassischen und schnellen Kompromiss mit zwei halben Orangen hätten zwei unzufriedene Kinder die Küche verlassen ...

7. „Spiel mir das Lied von der guten Beziehung"

-- ein Aufsatz für Stefan K. und Werner H.

Immer wieder kommt es in der Alltagsarbeit vor, dass Beziehungsstörungen mit Kollegen auftreten.

Obwohl man gar nicht weiß, wieso eigentlich, denn es geschah doch alles mit einer positiven Absicht:

„Ich habe es nur gut gemeint." „Ich war stets nett und freundlich zu dem Anderen." „Wieso ist bloß unsere Zusammenarbeit so schwierig geworden?"

Ein Hinweis des Kommunikationsexperten Watzlawik hilft hier weiter:

Wahr – im Sinne von wirksam – ist nicht,
was der Sender sendet,
sondern was der Empfänger hört.

Also: Die Senderwahrnehmung ist nicht stets identisch mit der Empfängerwahrnehmung. Um mit dieser Wirrung umzugehen, ist es wichtig, den Senderinhalt der kommunizierten Botschaft von dem Empfängerinhalt, was dieser gehört hat, zu trennen.

Ein Gespräch darüber, eine Diskussion muss also angestrebt werden. Das Wort Diskussion kommt von dem lateinischen Wort discutere, zu deutsch zerschneiden. Es müssen die Unterschiede zwischen Sender- und Empfängerinhalten der Botschaft herausgearbeitet werden. Gleichzeitig ist es wesentlich, hier auch die deutlich werdenden Unterschiede auszuhalten. Dass jeder seine eigene und manchmal eben andere Sicht der Dinge hat.

Die Einmütigkeit ist damit natürlich dahin, eine Krise tritt in den Berufsalltag. Das chinesische Zeichen für Krise besteht aus zwei Elementen:

Die einzelnen Zeichen für Chance und Gefahr sind hier zusammengefügt. Somit besteht in den auftretenden Krisen eine Gefahr. Wenn ich die Störung in der Beziehung nicht weiter thematisiere, sondern - ausgelöst durch falsche Toleranz - in ein beleidigtes Schweigen eintrete, vertiefen sich die Gräben weiter.

Dem gegenüber entsteht durch jede Diskussion - wo der Zustand der inneren Emigration verlassen wird - die Chance zu einer Differenzierung der Sichtweisen. Die individuellen Standpunkte werden deutlich gemacht und durch diese Klärung wird eine Grundlage gelegt, neue Wege der Zusammenarbeit zu entwickeln.

Hier gilt als Ziel in eine Einheit in der Unterschiedenheit einzumünden. Jeder Apfel zeigt uns die erfolgreiche Einheit unterschiedlicher Stärken; eine arbeitsteilige Organisation zum Erreichen des übergeordneten Unternehmenszieles: Ein neuer Apfelbaum.

- Die Schale ist hart
  – sie schützt vor den Außeneinflüssen.

- Das Fruchtfleisch ist weich
  – es verfault und gibt den Kernen nötige Nährstoffe.

- Die Kerne sind gefüllt
  – sie tragen die Fortpflanzungsmöglichkeiten in sich.

Ohne Schale wird das Fruchtfleisch vom Regen zerstört, ohne Fruchtfleisch finden die Kerne keine Nährstoffe, ohne Kerne verfaulen Schale und Fruchtfleisch ohne Zukunft. Erfolgreich kann jeder Apfel nur weiter bestehen, wenn die unterschiedlichen Stärken in der Einheit eines Apfels zusammenwirken.

Dieses gilt auch für das Arbeiten in guten Beziehungen: Nicht alle Mitarbeiter sind gleich, sondern jeder bringt seine Individualität mit seinen besonderen Stärken und Schwächen ein und gemeinsam meistern wir die Aufgaben, die sich in unserem Berufsalltag stellen. Dabei übernimmt jeder den Part, für den er seine besonderen Stärken bereithält.

Wenn dabei unsere Apfelsolidarität gestört wird, weil wir den anderen und sein Handeln gerade nicht verstehen, sollten wir also die Unterschiede nicht einfach unter den Teppich kehren - Ich verstehe gar nicht, was der andere da eigentlich macht - sondern offen damit umgehen.

Im Gespräch, in der Diskussion können wir die Unterschiede zwischen seiner und der eigenen Individualität herausarbeiten, um neue Wege zu beschreiten, damit diese Unterschiede zukünftig nicht gegeneinander stehen, sondern sich ergänzen zum gemeinsamen Erreichen des übergeordneten Unternehmenszieles.

8. „Jeder hat von seinem Standpunkt aus gesehen recht"

-- ein Aufsatz für Benjamin G. und Volker G.

Eigentlich ist das
doch ganz einfach
mit der Kommunikation:

- Wir sprechen eine Sprache.
- Ich sage klar meinen Standpunkt.
- Der Andere hört es.
- Ihm ist mein Standpunkt

Wenn da nur nicht das Problem der Vor-weg-urteile in den Köpfen des Senders und des Empfängers wäre. Sie wirken wie Brillen und verändern die Wahrnehmung. Die Dinge sehen anders aus als sie sind, bzw. der kommunizierte Standpunkt ist anders als der Gedachte und das wahrgenommene Gehörte anders als das Ausgesprochene.

Jeder Mensch ist im Rahmen der Kommunikation und Interaktion mit anderen Menschen kein unbeschriebenes Blatt, so dass eine brillenlose Kommunikation unmöglich ist.

Wenn man sich gut kennt, und die Verzerrungen durch die Brille „Absichten" beim Sender und „Erfahrungen" beim Empfänger decodieren kann, ist es manchmal möglich, trotzdem zu einem zufrieden stellenden Austausch der gedachten Standpunkte zu kommen.

Problematisch wird die Situation dann, wenn sich die Gesprächspartner nicht so gut kennen oder zwar in Arbeitsprozessen miteinander verknüpft sind, aber ihre Lebenswelten im privaten Bereich sehr unterschiedlich strukturiert sind. Es wird manchmal unmöglich zum jeweils Eigentlichen des Senders und Empfängers durchzudringen.

Der seitens des Empfängers oft praktizierte, einfache Weg im Feedback das Gehörte zurückzumelden, führt durch die wiederholten Verzerrungen durch die beiden Kommunikationsbrillen oftmals nicht zu einer Klärung, sondern eher zu einer weiteren Verwirrung.

Es wurde von Ruth Cohn die Frageregel formuliert „Wenn Du eine Frage stellst, sage warum Du fragst und was Deine Frage für Dich bedeutet. Sage Dich selbst aus und vermeide das Interview." Wenn dieses als Handlungsanleitung für das Verhalten des Senders gesetzt wird, kann die Verzerrung bei ihm minimiert werden.

Allerdings bleibt der Kommunikationsgrundsatz von Watzlawik aktiv:

„Wahr – im Sinne von wirksam – ist nicht, was der Sender sendet, sondern was der Empfänger hört." Das bedeutet, beim Empfänger findet weiterhin eine Verzerrung statt.

Als einen Ausweg aus diesem Dilemma wurde das aktive Zuhören entwickelt. Durch den Ansatz, sich in die Gedankenwelt des Senders hineinzuversetzen, soll erreicht werden, dass der Empfänger die Botschaft des Senders vor der Verzerrung durch seine Absichten erkennt. Es kann so die Brille des Senders umgangen werden und dem Empfänger wird tatsächlich klarer, was der Sender eigentlich gemeint hat. An welchen Stellen sich das Gedachte von dem Gesagten unterscheidet und wie nun erfolgreich im Verlauf der Kommunikation auf den wirklichen Standpunkt des Senders eingegangen werden kann.

Problematisch bleibt der Umstand an dieser Stelle, dass der Empfänger der Hüter des Verfahrens ist und so seine Vor-weg-urteile, d.h. seine Einschätzung des Anderen weiter verzerrend wirksam bleibt.

Hier eine Graphik, die versucht als Landkarte die Möglichkeit zu eröffnen, im Rahmen der Kommunikation zu einem effektiven Austausch der wirklichen persönlichen Standpunkte durchzdringen.

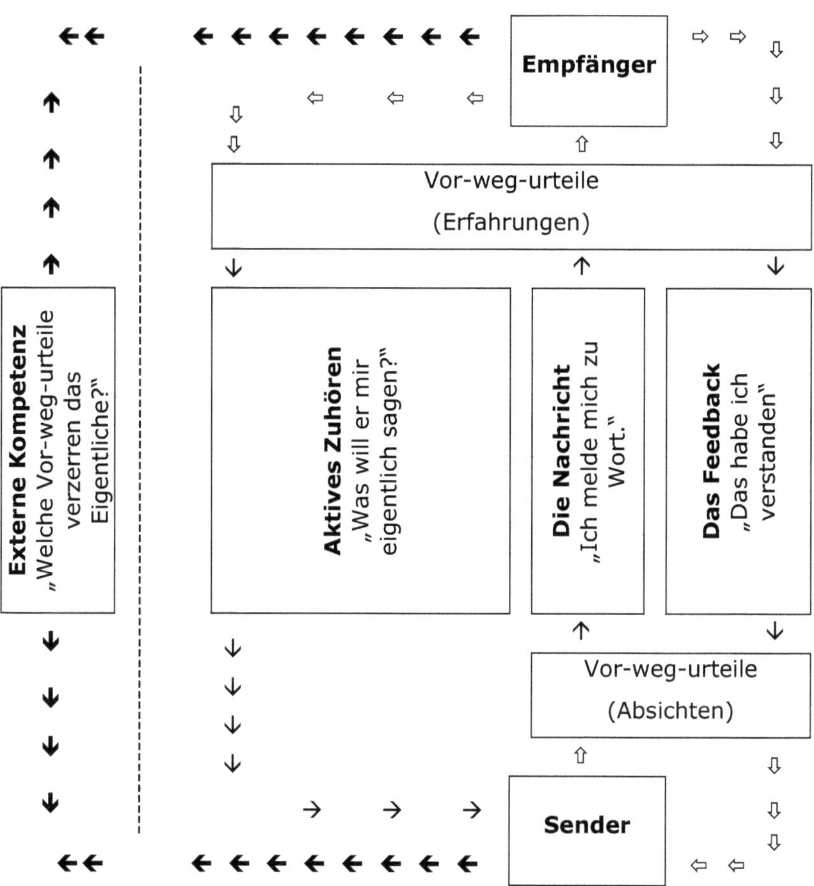
Empfänger
Vor-weg-urteile
(Erfahrungen)
Externe Kompetenz
„Welche Vor-weg-urteile verzerren das Eigentliche?"
Aktives Zuhören
„Was will er mir eigentlich sagen?"
Die Nachricht
„Ich melde mich zu Wort."
Das Feedback
„Das habe ich verstanden"
Vor-weg-urteile
(Absichten)
Sender

„Jeder Mensch hat von seinem Standpunkt aus gesehen recht." (Watzlawik) Es geht besonders in der Unternehmenskommunikation nicht darum, Recht zu behalten. Vielmehr gilt es gemeinsam zu klären, welche Sichtweise für den erörterten Sachgegenstand die ist, mit der zukünftige Entwicklungen positiv und effektiv strukturiert werden können.

Der Einsatz einer externen Kompetenz kann ein guter Ausgangspunkt für eine Moderation sein, bei der das Eigentliche in den Köpfen von Sender und Empfänger deutlicher wird. Methoden wie beispielsweise der fishbowl stellen besonders bei Kommunikationsstörungen in Teams eine hervorragende Möglichkeit dafür dar.

Das gemeinsame Engagement in Unternehmen ist zu wichtig, als dass in Bereichen durch Kommunikationsbrillen die Zusammenarbeit nachhaltig gestört wird.

9. „Bei Überraschungen die innere Blockade durchbrechen"

-- ein Aufsatz für Sönke F. und Bert G.

Diese Situation ist nichts Ungewöhnliches: Jemand befindet sich in einem Arbeitsgespräch.

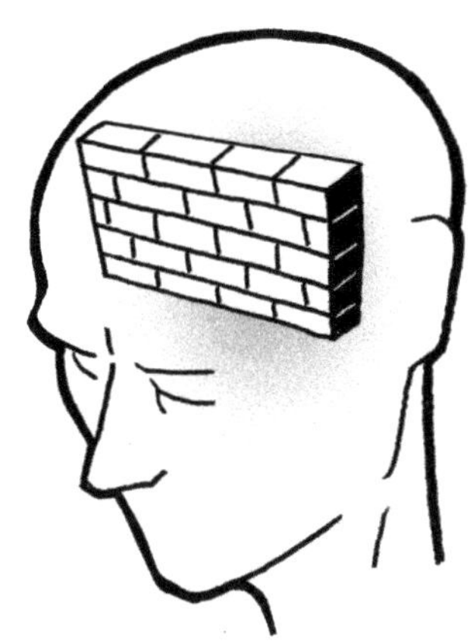

Die Argumente, sich für seine Vorschläge zu entscheiden sind gründlich vorbereitet und werden schlüssig vorgetragen. Doch plötzlich kommt ein Einwand, ein persönlicher Angriff oder eine abwertende Bemerkung, mit der nicht gerechnet wurde.

Irgendwie gerät man aus dem Konzept. Es fehlt der einfache Satz, der die Situation rettet, der die gewohnte Sicherheit zurückgibt. Dieser fällt aber in dem Augenblick nicht ein.

Erst wenn das Gespräch längst vorbei ist, wird deutlich, was man hätte sagen können. Dass nicht direkt in dem Gespräch die richtige Reaktion eingefallen ist, liegt an der inneren Blockade, die sich schnell aufbaut, wenn jemand auf dem falschen Fuß erwischt wird.

Vor allem wenn man sich sicher fühlt, besteht die Gefahr, plötzlich auf der Leitung zu stehen, weil man sich auf die gewohnte Routine verlässt. Das Gehirn schaltet auf Autopilot und setzt auf die eingeschliffenen Verhaltensmuster. Bei einem überraschenden, unvermuteten Angriff stehen aber keine gewohnten Verhaltensmuster mehr zur Verfügung. Es muss spontan überlegt werden, welche Reaktion situativ angemessen ist und man gerät dadurch unter Zeitdruck. Das führt zu Stress und blockiert so das logische Denken.

In der Praxis zeigen sich fünf Szenarien, die immer wieder diese inneren Blockaden auslösen.

- Böse Überraschungen: Ein Angriff geht in eine unerwartete Richtung.

- Bedrohung der Souveränität: Plötzlich steht die Forderung im Raum, sich dem fachlichen Alpha Tier bedingungslos zu unterwerfen.

- Zeitdruck: Wenn jetzt nicht adäquat geantwortet wird, sieht der Angegriffene alt aus.

- Schwindendes Selbstwertgefühl: Der Einwandführer erscheint so kompetent und übermächtig.

- Titanic Dilemma: Je sicherer sich jemand fühlt, desto schneller geht er unter.

Grundsätzlich haben sich drei Strategien als hilfreich erwiesen.

1. Ich sollte auf Überraschungen gefasst sein.
2. Ich sollte in der Lage sein, situativ auf inneren Abstand zu gehen.
3. Ich sollte mir nicht die Butter vom Brot nehmen lassen.

Zu 1. Die Überraschungen

Man kann natürlich nicht alle Eventualitäten einplanen, aber in der Regel ist der Alltag unorigineller als angenommen wird. Allein schon die Tatsache, dass man sich bereits gedanklich damit auseinandergesetzt hat, dass Überraschungen auftauchen können, macht bei einem tatsächlichen Angriff gelassener. Die Reaktion wird souveräner, weil die innere Blockade nicht so massiv ausfällt. Bei der Vorbereitung sollten drei Aspekte beachtet werden.

- Bei einem Gespräch darf an geplanten Strategien nicht zwanghaft festgehalten werden.

- Wahrscheinliche Angriffsflächen ergeben sich durch offensichtliche Abweichungen zum erwarteten Besprechungsverlauf.

- Bereits bei der Vorbereitung können die wunden Punkte herausgearbeitet werden.

Zu 2. Der innere Abstand

Bei einem Arbeitsgespräch muss man nicht auf jeden Zug aufspringen, der vorüber fährt. Die Führungsperson sollte sich nicht selbst unter Druck setzen, jetzt unbedingt schlagfertig sein zu müssen. Sie hat es selbst in der Hand, einer konfrontativen Auseinandersetzung durch den Mut zur Lücke zu entgehen. Es gibt drei klassische Wege einem Kampf aus dem Weg zu gehen.

- Ich kann schildern, was mir durch den Kopf geht. „Ich verstehe nicht, weshalb Sie mich jetzt persönlich angreifen."
- Es kann der Versuch gemacht werden, auf die Sachebene zurückzukehren. „Mir ist nicht klar, was dieser Aspekt mit der vorliegenden Fragestellung zu tun hat."
- Wenn der Angriff ein Ausrutscher war, kann es hilfreich sein, ihn einfach zu ignorieren. „Darf ich an dieser Stelle noch einmal folgenden Aspekt hervorheben..."

Zu 3. Die Butter auf dem Brot

Wenn seitens des Gesprächspartners eine plötzliche Herabsetzung erfolgt, kann ich mich dieser Situation nicht ohne Weiteres entziehen. Es gilt sich Respekt zu verschaffen und keinen Zweifel aufkommen zu lassen, dass die Herabsetzung nicht stillschweigend hingenommen wird. Bei der Dosierung der Schärfe der Reaktion sollten aber ein paar Regeln berücksichtigt werden.

- Manche Angriffe sind aus Gedankenlosigkeit entstanden. Bei harmlosen Frotzeleien sollte nicht mit Kanonen auf Spatzen geschossen werden.

- Es gilt, bei ironischen Antworten muss der Humor des Anderen beachtet werden. Manche Menschen gehen zum Lachen in den Keller.

- Wenn sich der Andere durch die Attacke eine Kompetenzblöße gibt, sollte die Reaktion nicht der vernichtende Gegenschlag sein.

Bei allem sollte der Sinn der Besprechung
nicht aus den Augen verloren werden.

Es gilt spontan und direkt für die Zukunft förderliche Vorgehensweisen zu verabreden und nicht als Sieger aus einer verbalen Auseinandersetzung heraus zu gehen. Deswegen muss beachtet werden, welche Rolle der Gesprächspartner bei der anvisierten Lösung spielt.

So sollte einem Mitarbeiter, der eine nachrangige Position inne hat, keine zu große Relevanz eingeräumt werden. Während in einem Arbeitsgespräch bei einem Kompetenzträger, mit dem später effektiv zusammen gearbeitet werden muss, oftmals bereits entscheidende Weichen gestellt werden, die sich zukünftig als irreversibel erweisen können. Auch die Frage nach der zukünftigen Relevanz des Gesprächspartners bei der Umsetzung der Lösung kann im Vorfeld geklärt und bei der Vorbereitung berücksichtigt werden.

Die grundsätzliche Aufgabe bleibt: Schreiben Sie Ihr eigenes Drehbuch! Das bedeutet, dass möglichst mit kompetenten Gesprächspartner Szenarien erörtert werden, die in vergangenen – selbst erlebten oder von Anderen berichteten – Besprechungssituationen aufgetreten sind. Ziel dieser Vorbereitungsarbeit ist es, individuelle Strategien für die Gesprächsgestaltung als ein hilfreiches Drehbuch zu entwickeln und die Umsetzung in konkretes Gesprächsverhalten münden zu lassen.

Welche Anforderungen werden konkret an ein Drehbuch gestellt?

- Es braucht einen guten Inhalt

Informationen von außen, externe Kompetenz, kollegiales Feedback, Austausch im Netzwerk – all das erweitert den Horizont und öffnet den Blick auf eigene Kompetenzgrenzen sowie blinde Flecken. Der konzeptionelle Inhalte darf nicht in der Sackgasse enden: ‚Operationalisierte Hektik ersetzt geistige Funkstille'.

- Es muss realistisch sein

‚Als Adler gestartet – als Ente gelandet'. Keine erste Verantwortungsebene kann davon ausgehen die tatsächlichen Zustände im Unternehmen umfassend zu kennen. Jede realistische Planung braucht Informanden.

- Es braucht eine klare Struktur

Ein effektives Drehbuch folgt nicht der Struktur der ‚Selbsterfahrungsgruppe freies Töpfern', sondern den Strukturen von Ursache + Wirkung sowie des Reiz - Reaktions Schematas.

- Es muss identisch sein

Der Drehbuchverfasser darf kein Ghostwriter sein, sondern muss voll hinter dem Entwicklungsprozess stehen. ‚Wasch mich, aber mach mich nicht nass' geht nicht.

- Es muss begeistern

Changemanagement wird zwar von oben initiiert, kann aber nicht per Rollout verordnet und durchgesetzt werden, sondern bezieht jeden Mitarbeiter mit ein. Sonst besteht die Gefahr, dass Mitarbeiter sich entscheiden, auch dieses neue Schwein, welches durch's Dorf getrieben wird, einfach auszusitzen.

Beim Durchbrechen von inneren Blockaden ist die Möglichkeit, situativ falsche Weichen für die Zukunft zu stellen zu groß, als dass einfach das Handlungskonzept „Wird schon gut gehen!" eingesetzt werden sollte. Arbeitsgespräche stellen grundsätzlich auch Stresssituationen dar, bei denen andere Regeln gelten, als in normalen, informellen Gesprächen. Der Kluge setzt sich somit bereits im Vorwege damit auseinander.

10. „Die Gerüchteküche"

-- ein Aufsatz für Beatrix W. und Uwe Jens N.

Der Lebenserhaltungstrieb beim Menschen führt dazu, dass er in bestimmten Situationen Nervosität erlebt.

Zum Beispiel im beruflichen Bereich, wenn er sich Kräften ausgesetzt fühlt, die ihn persönlich betreffen, bei denen er aber das Gefühl hat, nicht mehr der Herr der Lage zu sein. Das schürt die Angst im betrieblichen Arbeitsalltag unterzugehen.

Daneben kann die Nervosität auch in eine Aufbruchstimmung münden und die Hoffnung erwecken, auf der Hierarchietreppe nach oben zu kommen.

Egal, welches Gefühl sich einstellt: Der Drang nach einer sozialen Unterstützung führt an dieser Stelle zu Gesprächen mit Kollegen. Es werden so die hier entstandenen Ängste und Hoffnungen artikuliert und im Gespräch mit Kollegen vertieft. Da eine addierte Inkompetenz nicht zu einer wirklichen Kompetenz führt, endet diese

Sachlage oftmals in den wildesten Phantasien. Die Eigendynamik der individuellen Phantasien wird mit den Ergänzungen durch die angeregte Phantasie der Gesprächspartner verbunden und stellt somit den Eintritt in die Gerüchtküche dar.

Diese Graphik von A. Paul Weber verdeutlicht, dass sich das Gerücht aus einer Menge von kleinen Ursachen bildet, die sich aber zu einer großen Schlange verdichten, die erheblichen Raum im Arbeitsalltag einnimmt und dementsprechend einen erheblichen Teil von Arbeitskraft und Arbeitszeit sinnlos verbrennt.

Wenn erst einmal der Topf auf das Feuer gestellt wurde, brodelt es über kurz oder lang in den informellen Gesprächen am Arbeitsplatz. Solche Störungen nehmen sich Vorrang. Es ist erheblich, welche

Arbeitsenergien bei Mitarbeitern im Arbeitsalltag durch die Pflege der Gerüchteküche absorbiert werden. Wenn ein Mitarbeiter beispielsweise pro Tag eine Viertelstunde mit den Kollegen Redebedarf hat, benötigt er pro Jahr 50 Stunden Arbeitszeit für diese Tätigkeit.

Ähnlich wie ein Topf mit kochendem Wasser die Küche in kürzester Zeit mit Wasserdampf füllt, führen Gerüchte außerdem kurz oder lang zu störendem Nebel im Arbeitsalltag. Zum einen findet eine Klimavergiftung unter den Kollegen statt, weil man anscheinend anders denkenden Kollegen nicht mehr offen gegenübertritt. Zum anderen stellt sich eine Störung in der Hierarchie ein, da den Führungskräften unterstellt wird, dass sie ein unehrliches Spiel treiben.

Um den Dampf abziehen zu lassen, der den Blick im Arbeitsalltag vernebelt und um den Topf vom Feuer zu bekommen, gilt es der Ursache der entstandenen Gerüchte auf den Grund zu gehen. Es muss vorrangig die Frage geklärt werden, welche persönlichen Relevanzen bei den Mitarbeitern in der Allianz mit welchen fehlenden Informationen die Gerüchteküche in Gang gesetzt haben.

Wenn die Pflege der Gerüchteküche – oder wie die Gewerkschaften sagen der Treppenhausdienst – bereits Raum und Zeit bei den Mitarbeitern eingenommen hat, kann diese Frage nicht mit einem einfachen „Lass uns mal darüber Reden“ bearbeitet werden. Es ist wichtig, ein Konzept zu haben, mit welchem dieser Störung des Arbeitsalltages entgegengetreten wird.

Aus der Kommunikationsforschung gibt es einen Hinweis zur Bearbeitung von Gerüchten:

Jede Kommunikation wird erst fertig
mit der Reaktion des Interaktionspartners.

Ein Lüften geschieht durch die Solidarität mit den Ängsten und Hoffnungen der Mitarbeiter. Es gilt, diese als Wirkfaktoren im Arbeitsalltag zu begreifen und nicht unter den Teppich zu kehren nach dem Motto: Jedes Individualziel hat sich den corporate aims unterzuordnen. Es gilt eine Atmosphäre des Vertrauens zu schaffen, in der der einzelne Mitarbeiter mit seinen Ängsten und Hoffnungen ernst genommen wird und dadurch die Bereitschaft entsteht diese offen zu formulieren.

Aus der Konfliktforschung wird darauf hingewiesen:

Sozio - emotionale Konflikte werden durch
eine offene reflexive Kommunikation
zum Aufbau von allgemeiner Empathie und
gegenseitigem Verständnis erfolgreich bearbeitet.

Eine offene Kommunikation über die Unternehmensabsichten und den darin enthaltenen Konsequenzen für die Mitarbeiter löscht das Feuer unter dem Topf, in dem die Gerüchte brodeln. Dabei gilt es weder die Ängste der Mitarbeiter zu verniedlichen noch ihre Hoffnungsvorstellungen unrealistisch schönzureden. Grundsätzlich gilt es, den Gerüchten mit sauberen Informationen entgegenzutreten – auch mit der Information, in manchen Bereichen selbst nichts Genaues zu wissen.

Es gibt konkrete Schritte für den Arbeitalltag einer Führungskraft:

- Aufbau einer emotionalen Kompetenz

An dieser Stelle ist bei der verantwortlichen Führungskraft und den Kollegen Sensibilität gefragt. Wenn ich mich als Führungskraft in meinem Arbeitszimmer hinter dem Vorzimmer verkrieche, brauche ich mich nicht zu wundern, wenn ich den Rauch erst dann bemerke, wenn schon alles in Flammen steht. Sensibilität – das Wort kommt vom lateinischen sentire zu deutsch fühlen, empfinden, wahrnehmen. Es zielt somit in eine andere Richtung als die radikale Bearbeitung harter Fakten, die in der Regel den Arbeitsalltag von Führungspersonen bestimmen.

- Reflexion der Lobbyismusstruktur im Unternehmen

Als Führungskraft kann ich die Entwicklung von Gerüchten in meinem Verantwortungsbereich verhindern, in dem ich dafür offen bin, was den einzelnen Mitarbeiter bewegt. „In der Geometrie ist kein Platz für Sekten" (Voltaire). Besonders die Phantasien der Mitarbeiter, die einzelne Sympathiegruppen als Lobby vor den eigenen Wagen spannen, müssen offen mit allen Betroffenen diskutiert werden.

- Social Meeting statt Intranet im Arbeitsalltag

Daneben muss ich als Führungskraft auch die Handlungskompetenz einsetzen können, konkret den Phantasien des Mitarbeiters mit belegbaren und nachprüfbaren Fakten entgegenzutreten, um so den Gerüchten den Nährboden zu entziehen. Das geschieht in der direkten Kommunikation, wo der einzelne Mitarbeiter die Führungskraft persönlich ansprechen kann.

Eine grundsätzliche Aufgabe von Führungskräften stellt es dar, die Existenz der Gerüchteküche ins Bewusstsein zu bringen und als Wirkfaktor im Arbeitsalltag zu berücksichtigen sowie deren Bearbeitung Raum und Zeit zu geben.

Ich kann als Führungskraft nicht verhindern, dass Gerüchte im Unternehmen wie Vögel umherschwirren, aber ich kann daran arbeiten, dass sie nicht auf den Köpfen der Mitarbeiter Nester bauen.

Den Mitarbeiter fördern und fordern

11. „Der Mensch ist ein Rudeltier"

-- ein Aufsatz für Denise H-F. und Jürgen W.

So gut wie kein Mensch lebt völlig für sich allein, sondern er agiert in einer sozialen Umwelt mit den unterschiedlichsten Charakteren.

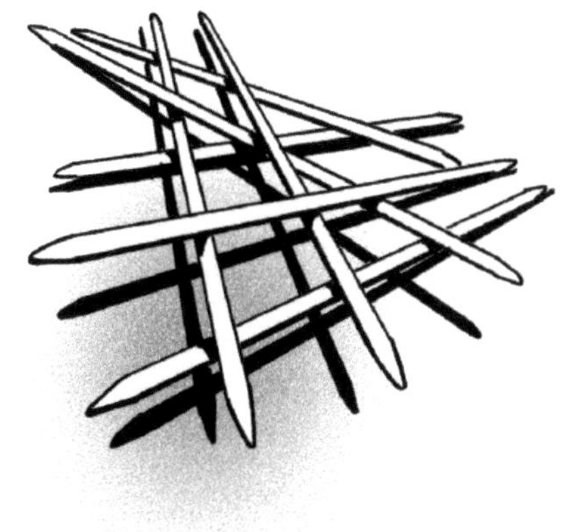

Es gibt an dieser Stelle zwei grundsätzliche Ansätze mit den Menschen umzugehen:

Den Sozialdarwinismus
und die Solidarität.

Dem Begriff Darwinismus wird in der Biologie der Umstand zugeordnet, dass in der Natur eine Selektion stattfindet. Der Starke setzt sich durch, der Schwache unterwirft sich. Die Hackordnungen in Gesellungsformen sind geklärt und der Alltag wird stressfrei gestaltet. Diese Interaktionsgestaltung wurde unter dem Begriff Sozialdarwinismus in die Sozialwissenschaften übertragen.

Der Starke setzt seine Bedürfnisse und Interessen rücksichtslos durch. Der Schwache betont seine Machtlosigkeit gegenüber dem Handeln von denen da oben. Somit kann jeder an seiner Stelle in

Ruhe leben und sein Lebenskonzept umsetzen. Es braucht Täter und Opfer, aber das ist kein Problem, weil man sich im Rudel gegenseitig mit der jeweils anderen Funktion unterstützt.

In der menschlichen Gesellschaft zeigen sich auch andere solidarische Verhaltensmuster. So wird beispielsweise im Rahmen von Katastrophenhilfe oder bei anderen aktuellen Anlässen der Andere aktiv unterstützt. Die Menschen bilden im ihrem engeren oder weiteren Umfeld Solidargemeinschaften in verschiedenen Bereichen. In der Regel besteht das Zielfeld darin, allen Mitgliedern des Rudels ein selbst verantwortetes Leben zu ermöglichen.

Im Bereich der Geschäftswelt zeigen sich ebenfalls beide Ansätze. Es gibt zum einen das stringente Umsetzen der Hackordnung des Kapitalismus oder die Gleichmacherei des Sozialismus mit jeweiligen Siegern und Verlierern.

Der Sieger setzt hier Lösungen durch, die ohne Weiteres das Unternehmen auch wirtschaftlich nach vorne bringen. Aber der Verlierer entwickelt einen Groll, welcher als destruktive Kraft den Unternehmenserfolg beeinträchtigt und manchmal auch zum Tode des Anderen führen kann; er ist halt für mich gestorben. An dieser Stelle ist der Ranghöhere nicht automatisch immer der Sieger.

Jeder Mitarbeiter bringt daneben meist auch den zweiten Ansatz mit, die Solidarität mit dem anderen Menschen im Rudel. Das kann eine Gefahr für Unternehmen darstellen, wenn beispielsweise mit den falschen Menschen eine Solidarität entsteht. Unter dem Stichwort Stockholm - Syndrom wird dieser Bereich schon länger intensiv bearbeitet. Aber grundsätzlich führt dieser solidarische Ansatz zu einer guten Zusammenarbeit zwischen Menschen. Besonders dann, wenn sie noch durch ein Klima der gegenseitigen Wertschätzung und Akzeptanz gefördert wird.

Dieses Klima wird konkret u.a. durch folgende Verhaltensweisen gekennzeichnet:

- Klarheit durch deutliche Strukturen:
  Dein Territorium ist geschützt.

Ich werde nicht ungefragt in Deinen Arbeitsbereich eindringen. Aber ich werde meine Sorgen mit Dir teilen, wenn ich das Gefühl habe, dass Du in einer Sackgasse voranschreitest oder Dich auf sehr dünnem Eis bewegst.

- Offenheit durch Ernstnehmen:
  Deine individuellen Anliegen sind wichtig.

Ich werde Dir nicht meine Sichtweise und meine Einschätzung der Dinge aufzwingen. Sondern ich werde sie Dir als Impulse von außen für Deine eigenverantwortlichen Entscheidungsprozesse zur Verfügung stellen.

- Anerkennung durch Zeit:
  Du erhältst die nötige Aufmerksamkeit.

Ich werde Dir die Zeit einräumen, die Du brauchst, um Deine Anliegen zu bearbeiten. Ich werde Dich nicht aufbrechen, wo Du Dich verschließt und werde mich nicht verstecken, wo Du mich suchst.

- Sicherheit durch Verlässlichkeit:
  Du kannst meinen Aussagen vertrauen.

Ich werde Dich nicht belügen oder für Dich wichtige Informationen zurückhalten. Aber ich werde Dir auch offen sagen, wenn ich Gespräch über bestimmte Sachverhalte nicht mit Dir führen will.

Egal, ob Mitarbeiter, Kollege, Mitbewerber oder Kunde, der jeweils Andere wird grundsätzlich als Mensch mit individuellen Wünschen, Hoffnungen und Ängsten ernst genommen und nicht als Humankapital für das Erreichen der Unternehmensziele instrumentalisiert.

12. „Das Empowerment eines Mitarbeiters"

-- ein Aufsatz für Stephanie B. und Ulrich S.

Empowerment kennzeichnet als Begriff die Eigenermächtigung eines Mitarbeiters.

Dabei wird davon ausgegangen, dass nicht die Führungskraft dem Mitarbeiter sagt, was er in seiner Situation zu tun hat, sondern dass der Mitarbeiter selbst die Verantwortung für seine Aufgabe und die zugehörige Organisation übernimmt.

Beim schrittweisen Erlernen und Praktizieren dieser Selbstorganisation handelt es sich um einen Entwicklungsprozess. Das Zielfeld ist dabei klar definiert:

Der Mitarbeiter ist in der Lage und ermächtigt, seine eigene Situation

- selbstständig zu durchschauen
- kritisch zu hinterfragen
- konstruktiv zu bewältigen

Empowerment bedeutet für die Führungskraft dabei nicht nur, einen Mitarbeiter dazu zu befähigen, selbstständig zu werden und seine Aufgaben selbstständig zu regeln, sondern, wenn der Mitarbeiter seine Selbstständigkeit erreicht hat, dieses auch zu akzeptieren.

Grundlegend determinieren verschiedenen Faktoren jede Leistung eines Mitarbeiters

Leistung = f (B x K x M)

Die individuelle Leistung setzt sich aus Bereitschaft, Kompetenz und Möglichkeit zusammen. Die einzelnen Bereiche wirken nicht additiv, sondern als sich gegenseitig beeinflussende Multiplikatoren. Wenn hierbei ein Faktor null beträgt, bedeutet dieses, die gesamte Leistung ist gleich null.

Grundsätzlich ist weiterhin zu beachten, dass die Verantwortungsbereiche zwischen dem Mitarbeiter und der Führungskraft klar umrissen und getrennt sind.

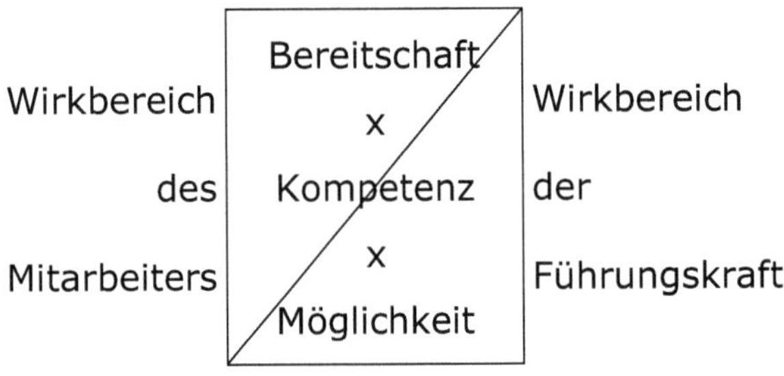

Die Verantwortung für die Bereitschaft liegt allein im Bereich des Mitarbeiters. Die Führungskraft hat fast keinen Einfluss darauf, die Leistungsbereitschaft des Mitarbeiters zu beeinflussen. Es ist längst eine unbestrittene Tatsache, dass beispielsweise eine leistungs-bezogene Bezahlung oder Abmahnungen nur einen minimalen Einfluss auf die Leistungsbereitschaft eines Mitarbeiters haben.

Dagegen hat die Führungskraft die volle Verantwortung für die Leistungsmöglichkeiten des Mitarbeiters. Hoch motivierte und kompetente Mitarbeiter können keine Leistung erbringen, wenn ihre Möglichkeiten durch die Führungskraft beschnitten werden. Sie haben eben nur einen sehr eingeschränkten Einfluss auf ihre Arbeitsbedingungen.

Beide Parteien nehmen Einfluss auf die Kompetenz des Mitarbeiters. Es liegt in der Verantwortung der Führungskraft, den Mitarbeiter in dem Arbeitsbereich einzusetzen, für den er die nötigen Personal- und Handlungskompetenzen mitbringt. Der Mitarbeiter ist für sein Engagement verantwortlich, mit der er die übertragenen Aufgaben bearbeitet.

Gegebenenfalls muss die Führungskraft dafür sorgen, dass der Mitarbeiter durch Schulungsseminare die erforderlichen Handlungskompetenzen erhält. Es liegt allerdings in der Verantwortung des Mitarbeiters, sich die Handlungskompetenzen durch aktive Mitarbeit in den Seminaren zu Eigen zu machen. Er darf nicht wegtauchen, sondern muss aktiv seine Entwicklungsfelder angehen und optimieren.

Was kann nun konkret getan werden, damit ein Mitarbeiter eine optimale Leistung erbringen kann?

Auf die Leistungsbereitschaft des Mitarbeiters und das individuelle Empowerment, welches sich hier zeigt, hat die Führungskraft keinen Einfluss. Weder gutes Zureden noch die Androhung von Sanktionen haben letztendlich eine Wirkung. Ein Empowerment des Mitarbeiters ist durch Schulungsseminare, bei denen der Aufbau einer Handlungskompetenz im Mittelpunkt steht, nicht zu bewirken. Es obliegt allerdings der Führungskraft, dem Mitarbeiter Zeit und Raum für das Coaching einzuräumen, bei dem der Aufbau von individuellem Empowerment im Zentrum steht.

Fazit I:

Der Mitarbeiter ist seine eigene Chairperson

Es heißt in einem alten Lied: Die Gedanken sind frei. Das bedeutet, der Mitarbeiter ist letztendlich voll verantwortlich für sein individuelles Empowerment. Dem Einfluss von Führungskräften sind hier eindeutige Grenzen gesetzt. Ergebnisse, dass der Mitarbeiter sich klar hinter die corporate aims stellt, sind nur dann zu verzeichnen, wenn der Mitarbeiter dieses auch will. Bei der Entwicklung der Einsicht, dass dieses für die berufliche Situation des Mitarbeiters eine wichtige Determinante darstellt, bleibt der Führungskraft lediglich eine beratende Funktion.

Fazit II:

Gute Führungskräfte versuchen nicht ihre Mitarbeiter zu motivieren, sondern sie vereinbaren klare Zielvereinbarungen und sorgen dafür, dass diese erreicht werden können.

Berufliches Handeln will von leistungsbereiten Mitarbeitern als Herausforderung erlebt werden. Der Mitarbeiter, der seine Personal- und Handlungskompetenzen einbringt und auch die Möglichkeit bekommt, etwas zu bewirken, hat Erfolgserlebnisse – und diese motivieren. Die Aufgabe der Führungskraft besteht darin, die Arbeitsbereiche so zu gestalten, dass der Mitarbeiter nicht über- oder unterfordert ist, sondern seinen Berufsalltag als Herausforderung erlebt.

13. „Die Selbstmotivation des Mitarbeiters"

-- ein Aufsatz für Olaf L. und Thomas M.

An vielen Stellen im Arbeitsalltag wird deutlich, dass eine erfolgreiche Leistung beim Mitarbeiter durch eine Fremdmotivation von außen nicht zu erreichen ist.

Selbstmotivation wird darum oft als Zauberwort in die Diskussion geworfen. Die Frage stellt sich, wie Selbstmotivation und Arbeitserfolg miteinander verknüpft sind.

Selbstmotivation ist eine Motivation Dinge zu tun, um individuelle Ziele direkt zu erreichen. Diese Motivation zielt nicht in erster Linie darauf ab, etwas Sekundäres zu erreichen, wie eine Belohnung zu erhalten oder eine Strafe zu vermeiden, sondern einen eigenen individuellen Erfolg im Unternehmensalltag zu erleben.

Für den Aufbau einer Selbstmotivation ist es somit unabkömmlich, dass individuelle Zielvorstellungen erfolgreich umgesetzt werden.

Die eigenen Ziele erreicht zu haben, bedeutet einen persönlichen Erfolg zu verbuchen.

Es wurde mir nichts geschenkt, sondern der Erfolg gründet sich auf meine eigenen Anstrengungen. Diese Art von Erfolg motiviert für neue Vorhaben. Misserfolge an dieser Stelle blockieren und führen auf Dauer zu einem Abnehmen der Motivation neue Ziele in Angriff zu nehmen.

Die erfolgreiche Arbeit als Ausgangslage für die Selbstmotivation ist abhängig von den zwei Faktoren Kraft und Weg.

Der Grundsatz aus der Physik gilt auch hier:

Arbeit = Kraft x Weg

Was bedeutet der Faktor Kraft?

Kraft bedeutet in diesem Zusammenhang die individuellen Kompetenzen im persönlichen Engagement zielgerichtet und reflexiv einzusetzen.

Grundsätzlich ist zu verzeichnen, dass Mitarbeiter engagiert ihren Tagesaufgaben nachgehen, um diese erfolgreich und persönlich zufrieden stellend zu bewältigen und nicht nur um eine Belohnung zu erhalten oder Ermahnungen zu vermeiden.

Damit aber das Engagement, welches hier als Faktor Kraft bezeichnet wird, in einen Erfolg mündet, muss der Faktor Weg ebenfalls konstruktiv gestaltet sein. Wichtig ist die grundsätzliche Tatsache, dass die Faktoren Kraft und Weg nicht additiv miteinander verbunden sind, sondern als Multiplikation.

Wenn also der Faktor Weg eine Sackgasse darstellt, kann beim Faktor Kraft auch noch soviel Engagement eingesetzt werden: Ein Erfolg stellt sich nicht ein. Stattdessen ergibt sich hier oftmals ein Einstieg in burn - out Entwicklungen oder die innere Emigration.

Was beinhaltet der Faktor Weg?

In der Regel ist ein Mitarbeiter kein Einzelkämpfer, sondern in ein Team eingebunden. Dieses führt dazu, dass viele Wege nur dann beschritten werden können, wenn andere Kompetenzträger Türen öffnen. Die individuelle Kraft erlahmt, wenn sie stets gegen verschlossene Türen rennt. Der Erfolg bleibt aus und die Selbstmotivation nimmt im Laufe des Arbeitslebens ab. Oftmals bleibt nur noch der Dienst nach Vorschrift - der zwar den Lohn rechtfertigt und vor Ermahnungen bewahrt, aber mehr auch nicht.

Damit die Selbstmotivation nicht an den verschlossenen Türen einzelner Kompetenzträger im Arbeitumfeld zerschellt, müssen

Führungskräfte dafür Sorge tragen, dass ein Unternehmensklima besteht, in dem Diskussionen stattfinden.

Diese Gespräche sind nur als herrschaftsfreie Diskurse erfolgreich, bei denen individuelle Zielvorstellungen der Mitarbeiter miteinander und mit den übergeordneten Zielen des Unternehmens abgeglichen werden können. Nach Jürgen Habermas findet dann eine Kommunikation als herrschaftsfreier Diskurs statt, wenn sie frei ist von Verzerrungen durch Macht oder Hierarchien. Es sollten u.a. folgende Regeln eingehalten werden:

- Kein äußerer Zwang darf das Gespräch behindern.
- Jeder hat die gleiche Chance zur Beteiligung am Gespräch.
- Jeder muss zur ungekränkten Selbstdarstellung fähig sein und seine Ziele den anderen transparent machen.

Das Zielfeld der Förderung im Bereich Selbstmotivation ist nur mittelbar die Steigerung des Unternehmenserfolges, sondern primär die zufrieden stellende Selbstverwirklichung des einzelnen Mitarbeiters.

Wobei dessen stärkeres Engagement im Arbeitsalltag vor Ort in der Regel auch die Unternehmensentwicklung positiv beeinflusst.

14. „Effektiv Druck auf den Mitarbeiter ausüben"

-- ein Aufsatz für Dieter K. und Nicco H.

Wenn sich bei der Analyse einer Schlechtleistung herausstellt, dass der Ursprung ausschließlich in der Verantwortung eines Mitarbeiters liegt, muss effektiv Druck auf diesen Mitarbeiter ausgeübt werden. Es sollte daneben verhindert werden, dass Kollegen durch falsch verstandene Kollegialität diese Schlechtleistung durch ihre Mehrleistung ausgleichen.

Es werden in der Regel zwei Wege beschritten, um einen Mitarbeiter zu einer erwünschten Leistung zu animieren, wenn er diese nicht an den Tag legt: Die Androhung einer Strafe oder die Aussetzung einer Belohnung.

Im Prozess der Strafandrohung wird beim Mitarbeiter ein Druck durch eine angedrohte Strafe aufgebaut, sich in die erwünschte Richtung zu bewegen, auch wenn er dieses eigentlich nicht will. So erleidet er das erwünschte Verhalten um der angedrohte Strafe zu entgehen.

Dabei ergeben sich zwei Probleme:

- Ein Kontrollsystem muss errichtet werden, damit der Druck durch die Strafandrohung dem Mitarbeiter nicht eine falsche Richtung offen lässt.

- Es ergibt sich eine falsche Blickrichtung beim Mitarbeiter. Anstatt seine Energie auf das erwünschte Verhalten zu konzentrieren, richtet der Mitarbeiter sein Augenmerk auf die angedrohte Strafe und wie er dieser entgehen kann.

Der andere Weg setzt auf die intrinsische Motivation. Wenn der Mitarbeiter eine Leistung erbringen soll, die er aber nur bedingt liefern möchte, wird ihm eine Belohnung versprochen, die er unbedingt erhalten will. Er überwindet so seine Abneigung gegenüber dem erwünschten Verhalten, um eben die Belohnung zu kassieren.

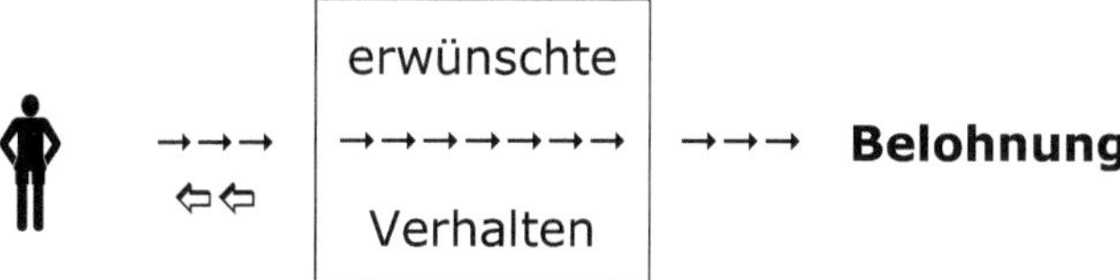

Dabei ergeben sich ebenfalls zwei Probleme:

- Auch hier muss ein Kontrollsystem aufgebaut werden, damit der Mitarbeiter den verheißenen Lohn nicht auf Umwegen, um das erwünschte Verhalten herum, erreichen kann.

- Die manifestierte Koppelung von Leistung und Belohnung führt in der Regel dazu, dass grundsätzlich bei dem Mitarbeiter ohne eine Belohnung keine Leistung erbracht wird.

Festzustellen ist, dass diese beiden Wege der Strafandrohung und Belohnung lediglich eine Methode zu kurzfristigen Verhaltensänderungen darstellt. (vgl. zeitlich begrenzte Wirksamkeit eines Strafmandates, einer Lohnerhöhung)

Für den Arbeitsalltag stellt es sich als unzureichend heraus, wenn immer wieder nur kurzfristig das erwünschte Verhalten übernommen wird. Bei Beobachtungen, wann langfristig wirksame Verhaltensänderungen zu verzeichnen waren, zeigten sich zwei weitere Wege.

Eine langfristige Verhaltensänderung
wird beim Erwachsenen
nur durch Schock oder Einsicht erreicht.

Ein Herzinfarkt, Autounfall oder ähnliches kann beim geschockten Menschen zu nachhaltigen Verhaltensänderungen führen. Diese Ereignisse sind aber nicht von außen durch Führungskräfte zu initiieren.

Aus ethischen und juristischen Gründen dürfen Mitarbeiter (vgl. Prozesse bei der Bundeswehr) nicht geschockt werden. Eine Einsicht kann allerdings aufgebaut werden, wobei gerade im Bereich der Selbsthilfegruppen zu erleben ist, dass das nicht von Heute auf Morgen geht.

Wie beispielsweise bei einem Suchtkranken zu sehen, ist eine langfristige Verhaltensänderung nur dann zu erreichen, wenn der Betroffene einsieht, dass das erwünschte Verhalten für ihn positive Konsequenzen aufzeigt und er somit seine Abneigung dagegen selbst überwindet und sich - manchmal auch nur mit Vorbehalten - auf den Weg macht.

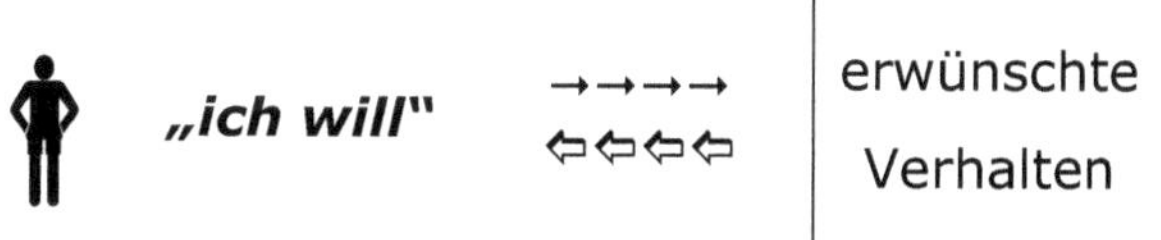

So ist auch beim Mitarbeiter eine nachhaltige Leistungssteigerung nur zu erreichen, wenn sich bei ihm die Einsicht einstellt, dass ohne die erwünschte Leistungssteigerung sein Verbleiben im Unternehmen nicht gewährleistet ist.

Es ist unbestritten, dass dieses ein dorniger Weg ist, da seitens des Unternehmens Druck auf den Mitarbeiter ausgeübt werden muss. Logischerweise begegnet der Mitarbeiter dieser Situation mit Vorbehalten, die oftmals bei ihm Fluchtverhalten oder Gegendruck auslösen. Grundsätzlich stellt sich die Aufgabe für Führungskräfte, dem Mitarbeiter nicht einen Prozess einfach überzustülpen und ihm Gewalt anzutun, sondern ihn in die Zukunftsgestaltung seiner Arbeitserledigung mit einzubinden.

Das Fünf Stufen Modell aus dem Bereich der Suchterkrankungsarbeit hat sich an dieser Stelle als erfolgreiches Instrument erwiesen. Seine Durchführung kann sich über einen längeren Zeitraum erstrecken. Grundsätzlich muss dieser Prozess durch drei Faktoren bestimmt werden, damit der Druck auf den Mitarbeiter auch effektiv und erfolgreich ist:

- Für alle Beteiligten muss die klare Struktur transparent sein.

- Der Mitarbeiter muss durch aktives Handeln die gesteckten Ziele verfolgen.

- Die Führungskraft muss engagiert und konsequent Hilfestellung geben.

Stufe 1:

Die Führungskraft ist nicht zufrieden mit dem, was ein Mitarbeiter geleistet hat. In einem offenen Gespräch muss geklärt werden, woran es lag. Vielleicht hat der Mitarbeiter einen guten Grund dafür, dass er diesmal nicht wie sonst gute Arbeit geleistet hat. Dann liegt es an der Führungskraft, ihm zu helfen, zur gewohnten Qualität seiner Arbeit zurückzufinden. Eine konkrete Vereinbarung steht am Ende des Gespräches.

Stufe 2:

Es hat sich nichts an der Qualität der Leistung des Mitarbeiters geändert. Es wird Zeit für ein Kritikgespräch. Die Führungskraft klärt zunächst die Stärken und Schwächen des Mitarbeiters. Beim zweiten Punkt wird das Gespräch durch die Führungskraft auf den Anlass der Kritik gelenkt. Der Mitarbeiter legt dar, wie er das in Zukunft besser machen möchte und bis wann mit einer Leistungsänderung zu rechnen ist.

Stufe 3:

Der Mitarbeiter hat nicht umgesetzt, was besprochen wurde. Die Führungskraft macht dem Mitarbeiter nun klar, dass die Toleranzgrenze erreicht ist. Das Konfliktgespräch steht an. Die Führungskraft sagt möglichst emotionslos und direkt, was sie erwartet. Der Mitarbeiter führt aus, wie er das mit welchen Schritten zukünftig umsetzen wird. Das Ergebnis dieses Gespräches wird dokumentiert.

Stufe 4:

Da sich an den Leistungen des Mitarbeiters nichts geändert hat, wird es Zeit für eine Abmahnung. Die Führungskraft erinnert den Mitarbeiter an die Abmachung aus dem letzten Gespräch und sagt erneut, was sie erwartet. Der Mitarbeiter bestätigt ausdrücklich, dass er das verstanden hat. Um später arbeitsrechtliche Konsequenzen ziehen zu können, muss das Abmahnungsgespräch bestimmte Punkte enthalten: Die Führungskraft stellt den Sachverhalt kurz dar, bewertet ihn, nennt ihre Erwartung und kündigt Konsequenzen an, wenn sich der Mitarbeiter nicht an die Vorgaben hält.

Stufe 5:

Entspricht die Leistung weiterhin nicht den Erwartungen der Führungskraft, ist es Zeit für ein Kündigungsgespräch mit den Regelungen der Vertragsauflösung.

15. „Mobbing – mehr als ein Kavaliersdelikt"

-- ein Aufsatz für Ingrid L. und Eppo F.

Für jedes Unternehmen ist es normal, dass zwischen Mitarbeitern die eine oder andere Kabbelei auftritt.

Diese Alltagsaggressionen dienen in der Regel dazu, dass der Aggressor eine Spannung bei sich selbst abbaut. Seine Attacke richtet sich dabei nicht gegen eine bestimmte Person, sondern meistens trifft es den nächst besten Menschen, der ihm in die Quere kommt.

Bei dem Aggressionsablauf, der unter dem Stichwort Mobbing bearbeitet wird, ist dieses anders. Das Wort wurde der englischen Jagdsituation entnommen, wo ein mob, d.h. englisch eine Hundemeute, ein Tier verfolgt und dieses durch unentwegte Bisse zur Strecke bringt. Der Jagderfolg, d.h. der Tod des Beutetieres stellt sich nicht durch einen Blattschuss ein, sondern als eine zermürbende Folge von kleinen Verletzungen.

Beim Mobbing richtet sich die Aggression somit gezielt auf eine bestimmte Person als Beutetier. Im Mittelpunkt des Geschehens steht als Ziel nicht ein Druckabbau beim Aggressor, sondern eine Verhaltensänderung bei der Zielperson als Mobbingopfer.

Während eine Alltagsaggression im Arbeitsalltag punktuell und temporär auftaucht und auch wieder verschwindet, entwickeln sich Mobbingprozesse über eine längere Zeitspanne hinweg. In den Forschungsarbeiten über Mobbing wird darauf hingewiesen, dass diese Entwicklung ein wesentliches Merkmal für den Prozess darstellt, der als Mobbing definiert wird. Nicht jede Kabbelei oder beleidigendes Verhalten stellt somit gleich einen Mobbingprozess dar.

Die folgenden vier Phasen kennzeichnen einen Mobbingprozess:

Phase 1: Schlechte Konfliktbewältigung

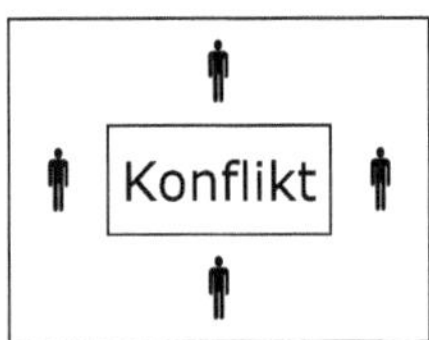

Am Anfang eines Mobbingprozesses steht oft ein unausgetragener Konflikt, der mit der Zeit im Unternehmen weiterwirkt und das Klima vergiftet.

Allgemein herrscht eine aggressive, gereizte Stimmung unter den Mitarbeitern. Es wird aber aus Angst vor Kollegen nichts dagegen unternommen.

Phase 2: Feindseligkeiten

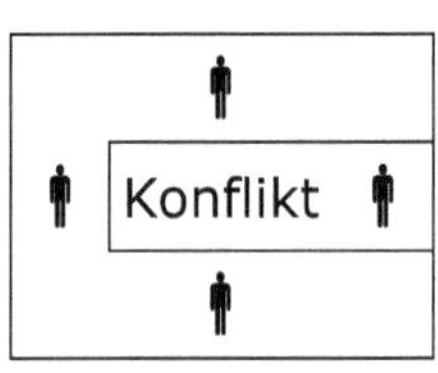

Spitze Bemerkungen und Gehässigkeiten gegenüber einer bestimmten Person sind die Folge. Die Feindseligkeiten nehmen jetzt zu und richten sich gezielt gegen eine bestimmte Person, welche als Ursache des Konfliktes manifestiert wird.

Der ursprüngliche Konflikt tritt dabei in den Hintergrund. Auch bilden sich sachlich nicht gerechtfertigte Gerüchte über die betroffene Person. Ein Mobbingopfer ist gefunden.

Phase 3: Machtübergriffe

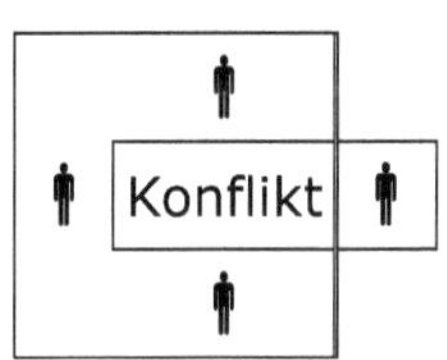

Mit der gemobbten Person will jetzt niemand mehr zusammenarbeiten. Sie wird nicht mehr akzeptiert und respektiert. Dadurch wird sie unsicher, macht Fehler und fällt auf.

Der reguläre Arbeitsalltag wird gestört, so dass das gesamte Unternehmen den Gemobbten zunehmend als lästig empfindet. Es wird ihm nahe gelegt zu kündigen. Der Gesamtzustand der Arbeitszufriedenheit des Mobbingopfers verschlechtert sich bis hin zu schweren Erkrankungen.

Phase 4: Ausschluss aus der Arbeitswelt

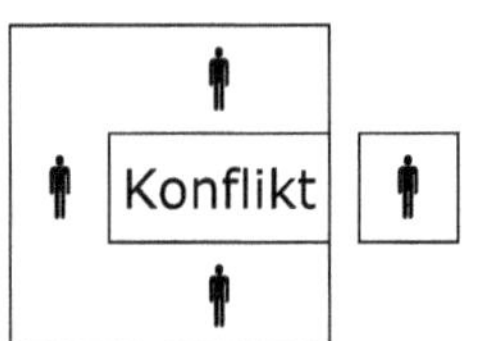

Am Ende des Mobbingprozesses steht der Ausschluss des Betroffenen aus dem Unternehmen in Form von langfristiger Krankschreibung, Frührente oder Kündigung.

Im Extremfall versucht er seine Konflikte am Arbeitsplatz mit Gewalt - die sich gegen ihn selbst oder andere richtet - zu lösen. Oftmals verliert dadurch der betroffene Mitarbeiter grundlegend seine Selbstachtung und in der Regel gleichzeitig das Vertrauen in die Qualität seiner Arbeit.

Auch wenn die vier Phasen mit unterschiedlichen situativen Merkmalen auftreten, ist doch das Ergebnis stets gleich: Es bleibt ein gestörter Mitarbeiter zurück, die Firma leidet weiterhin unter einem ungelösten Konflikt, und es wurde während des Prozesses Arbeitszeit verbrannt, ohne dass dieses eine positive Auswirkung auf die corporate aims hatte.

Worin besteht die Aufgabe eines Mitarbeiters, der den Eindruck hat, dass er als Mobbingopfer in diese Phasenentwicklung hineingezogen wird?

Der Mitarbeiter darf die Verletzungen nicht in sich hineinfressen, sondern muss Flagge zeigen und im Unternehmen deutlich aussprechen, dass er den Eindruck hat, in die Rolle eines Mobbingopfers geraten zu sein.

Darüber hinaus sollte der Mitarbeiter nicht versuchen, die problematischen Prozesse im Arbeitsalltag allein zu lösen, sondern sich frühzeitig professionelle Hilfe - beispielsweise bei den Beratungsstellen der Berufsgenossenschaften oder der Krankenkassen - holen.

Worin besteht die Aufgabe einer Führungsperson, die den Eindruck hat, dass in ihrem Bereich Mobbingprozesse auftreten?

Normalerweise ergeben sich in jedem Arbeitsalltag Aggressionen, mit denen einzelne Mitarbeiter ihren inneren Druck abbauen. Mobbingprozesse entstehen daraus nicht, wenn im Unternehmen ein Klima der Akzeptanz von Fehlern und Alltagsaggressionen sowie Entschuldigungen und Vergebung herrscht. Das bedeutet für Führungspersonen jede störende Handlung ernst zu nehmen - auch wenn sie wie ein harmloser Kavaliersdelikt aussieht. Ein afrikanisches Sprichwort lautet:

Aus kleinen Löwen werden große Löwen
und große Löwen töten Menschen.

Diese Bearbeitung von Störungen seitens der Führungskräfte bedeutet nicht ein unentwegtes Eingreifen in das Alltagsgeschehen. Aber es gilt darauf zu achten, dass Kavaliersdelikte der Alltagsaggressionen nicht unbearbeitet weitergären, sondern durch Entschuldigungen und deren Akzeptanz bei Aggressionsopfer geklärt werden.

Um eine Entwicklung von Alltagsaggressionen in Mobbingprozesse zu verhindern, müssen Führungskräfte sich konkret zweier Faktoren bewusst sein.

1. Führungskräfte prägen das Klima in Unternehmen durch ihr Verhalten in Einzelgesprächen. In welcher Art und Weise sie dort Verfehlungen bei sich oder dem Gesprächspartner akzeptieren und bearbeiten, wirkt sich in allen Bereichen des Unternehmens aus - bis hin zum Umgang mit dem Kunden.

2. Führungskräfte sind dafür verantwortlich, dass Raum und Zeit im Arbeitsalltag geschaffen wird, damit Störungen nicht nur angesprochen, sondern auch bearbeitet und geklärt werden. Hierbei tragen die Führungskräfte die Verantwortung dafür, dass gegebenenfalls externe, fachkundige Berater frühzeitig hinzugezogen werden.

Die Auffassung „Sollen doch die Mitarbeiter Kavaliersdelikte unter sich allein abmachen" ist ein billiges Abschieben von Verantwortlichkeit, wobei nach und nach das Arbeitsklima im Unternehmen von großen Löwen zerfleischt wird.

Das „ICH" im Mittelpunkt

16. „Das Pippilotta Prinzip als Handlungskonzept"

-- ein Aufsatz für Johannes G. und Matthias W.

Menschen sind als fleißige Berufstätige, fürsorgliche Familienmitglieder, verständnisvolle Partner und exakte Lebensverantwortliche meist gefordert, ihr Leben stets vernünftig und verantwortlich zu gestalten.

Was aber vernünftig und verantwortlich ist, wird von außen festgelegt und nicht weiter diskutiert ...

Das lässt

- Keine Zeit für Fehler!
- Keinen Raum für Träume!
- Keinen Spielraum für spontane Handlungen!

Die Sehnsucht nach Freiheit führt manchmal die Gedanken zurück zu der Kindheitsheldin Pippilotta Viktualia Rollgardina Pfefferminz Efraimstochter Langstrumpf - mit ihrem Lebensstil voller Kraft, Impulsivität, Unbeschwertheit und Unabhängigkeit.

Doch durch die allgegenwärtigen Strukturen des Alltags wurde im Laufe der Zeit das

Pippilotta – Prinzip

völlig aus den Augen verloren. Wie kann dieses Prinzip zurückgeholt werden? Wo sind die inneren Bedenkenträger, die in die Teufelskreise des Alltags führen? Wie können gedankliche Bremsen gelöst und konkrete Umsetzungsstrategien gefunden werden? Es gilt verschiedene Fakten zu beachten.

Fakt 1

„Ich mach' mir die Welt, wie sie mir gefällt!"

Bei dem Pippilotta – Prinzip geht es nicht um eine Selbstverliebtheit, wo ein Narzissmus hemmungslos ausgelebt wird. Es geht vielmehr um eine Selbstaufmerksamkeit, die die fremdbestimmten Strukturen in meiner Lebensführung aufdecken. Es gilt zu überprüfen, ob mir das wirklich auch gefällt, was ich tue.

Fakt 2

„Wer ‚A' gesagt hat, braucht nicht‚B' zu sagen, wenn er erkannt hat, dass ‚A' falsch ist."

Durch diese Aussage des Nein – Sagers verweist Berthold Brecht in die Richtung, in der das Pippilotta Prinzip handlungsleitend werden kann. Besonders in Sackgassensituationen ist es wichtig, sich vor dem Weitergehen umzudrehen. Energisch mit dem Kopf gegen die Wand zu laufen führt über kurz oder lang zu blutigen Nasen.

Fakt 3

„Selbstschutz geht vor Fremdhilfe."

Dieser Grundsatz im Katastrophenschutz macht deutlich, dass es Situationen gibt, wo das Wohl des Mitmenschen zweitrangig ist. Es macht keinen Sinn, wenn ich bei meinem Hilfsengagement die Eigensicherung aus dem Auge verliere und wir gemeinsam untergehen. Dieses gilt vor allem dann, wenn es sich um mein eigenes Leben handelt – Erst Absicherung der Unfallstelle, dann Versorgung der Verletzten.

Fakt 4

„Das Sein bestimmt das Bewusstsein"

Wenn ich nicht mein Leben im gemütlichen Elend verbringen will, wo ich meinen Träumen immer nur hinterher jammere, muss ich Veränderungen initiieren. Diese müssen konkret handlungsleitend zur Erreichung meiner Ziele umgesetzt werden können. Karl Marx verwies darauf, dass ich mich auch klein denke, wenn meine Lebensbedingungen mich klein halten.

Fakt 5

„Die Heiligenscheine müssen zerbrochen werden,
damit mit den Goldstückchen der Alltag bezahlt
werden kann."

Dieser Satz aus der südamerikanischen Befreiungstheologie macht deutlich, dass bei allen Lebensveränderungen deren konkrete Umsetzbarkeit in den Alltag im Mittelpunkt stehen muss. Auch die Gestaltung von großen Lebensbedingungen besteht aus kleinen Schritten. Wichtig ist nicht die Schrittgröße, sondern die grundsätzliche Bewegung.

Fazit

„Der Kampf mit den vernünftigen Mitmenschen bleibt"

In einem Bilderbuch von David MacKee führt der buntkarierte Elefant Elmar einen Kampf nach innen und nach außen. Immer wieder leugnete er seine bunte Identität und versuchte so grau wie die Anderen zu werden. Die anderen Elefanten haben ihn als Abweichler eingestuft und ausgestoßen. Seine Andersartigkeit wurde nicht akzeptiert. Es wurde ihm kein Recht auf seine Individualität eingeräumt.

Unsere Mitmenschen sind oft an dieser Stelle nicht anders als die Mitelefanten von Elmar. Aber wenn bei Elmar eine Entwicklung möglich war, als er sein Buntsein akzeptierte, wieso dann nicht auch in meinem Leben?

17. „Inkompetenzkompensationskompetenz"

-- ein Aufsatz für Timm P. und Gerald H.

Niemand ist vollkommen. Obwohl diese Tatsache hinlänglich bekannt ist, hindert dieses den einzelnen Menschen nicht daran, beim Streben nach Höchstleistungen, die Vollkommenheit in allen Lebensbereichen als Ziel vor Augen zu haben.

Zumindest was das Bild in der Öffentlichkeit angeht, welches dort wahrgenommen wird.

Dabei zeigen sich selbst bei anerkannten Genies wie Albert Einstein dunkle Flecken in der Persönlichkeit. So forderte er beispielsweise, nachdem er seine Professur in Berlin angetreten hatte, im Ehevertrag von seiner Frau, dass sie im Umgang mit ihm u.a. folgende Punkte zu beachten habe:

- Du hast weder Zärtlichkeiten von mir zu erwarten, noch mir irgendwelche Vorwürfe zu machen.
- Du hast mein Schlaf- bzw. Arbeitszimmer sofort und ohne Widerrede zu verlassen, wenn ich darum ersuche.

Fakt ist, dass jeder Mensch Stärken und Schwächen in seiner Person vereinigt. Aufgabe bleibt die Entwicklung eines Umgangs mit den Stärken und Schwächen der individuellen Persönlichkeit.

In der Schule erleben wir eine klare Leistungsorientierung. So wird beispielsweise beim Vokabeltest deutlich das Wissen vom Nichtwissen getrennt. Diese Trennung von Können gleich eine Stärke, die sehr gut ist, und Nichtkönnen gleich eine Schwäche, die sehr schlecht ist, mündete in ein bestimmtes Förderprinzip. Dessen Ziel ist es die Stärken auf 100 % auszubauen und die Schwächen auf 0 % zu reduzieren. Da dieses normalerweise nicht gelingt, wird gelernt, die jeweiligen Stärken hervorzuheben und die Schwächen zu verstecken. Wenn beispielsweise in Bewerbungsgesprächen nun doch eine Schwäche benannt werden soll, bietet sich die Persönlichkeitsstruktur ‚Ungeduld' an. Es besteht eine begründete Hoffnung, dass der Gesprächspartner diese im Kopf in eine Stärke umformt, da Ungeduld auch als eine Kraft zur Weiterentwicklung des Unternehmens eingesetzt werden kann.

Wenn nun im Mittelpunkt der Förderung nicht eine Leistungsorientierung, sondern eine Persönlichkeitsorientierung steht, ergibt sich eine Verknüpfung von Stärken und Schwächen - wie beispielsweise im chinesischen Yin und Yang Ansatz.

Die Grundzüge dieser Lehre lassen sich wie folgt umreißen: Yin und Yang sind die beiden gegensätzlichen Prinzipien des altchinesischen Denkens, nach denen alle Dinge und Erscheinungen der Welt geordnet sind. Im chinesischen Denken gilt der Mensch als organischer Bestandteil des Universums. Gleichzeitig ist er ein vollständiges Ganzes und damit selber ein kleines Universum, in dem wiederum alles nach den Prinzipien Yin und Yang geordnet ist. So gibt es in jeder Persönlichkeit das Yin als das Schwache und das Yang als das Starke. Dabei bilden in jeder Persönlichkeitsausprägung die Yang Strukturen mit den jeweiligen Yin Strukturen eine unzertrennbare Symbiose.

Hier wird klargestellt, dass sich in jeder Schwäche auch eine Stärke verbirgt und umgekehrt. Wenn ich beispielsweise unpünktlich bin, dann steckt darin auch die Stärke, dass ich mir Zeit für die augenblicklichen Anliegen nehme. Wenn nun die Schwäche ausgemerzt wird, dann kann das Streben nach Pünktlichkeit trotz Zeitverzögerung schnell zur Fahrt über eine kirschgelbe Ampel führen, wodurch Andere gefährdet werden.

Es ist deutlich, dass ich eine Stärke verliere, wenn ich eine offensichtliche Schwäche beseitige. Mit dieser Tatsache umzugehen, ergibt somit folgendes effektives Förderprinzip:

Ich entdecke die jeweiligen Schwächen in meinen einzelnen Stärken und die jeweiligen Stärken in den einzelnen Schwächen.

Im Weiteren verfolge ich das Ziel, meine Stärken auszubauen und die dazu gehörenden Schwächen sozial verträglich zu gestalten.

Schwäche als Inkompetenz muss nicht beseitigt oder versteckt werden, sondern sie muss erfolgreich bearbeitet werden. Im Jahr 1985 schuf Odo Marquard das Wortungetüm

Inkompetenzkompensationskompetenz

und benannte damit die seiner Sichtweise nach einzige zukunftsträchtige Kernkompetenz für die Geisteswissenschaftler. Er beließ es nicht bei einer theoretischen Wortschöpfung, sondern im Collegium Philosophicum hat er jahrzehntelang philosophische Lehrsätze für den Bereich des zivilen Ungehorsams und ein zeitgemäßes Bürgerselbstverständnis konkretisiert.

Hier an dieser Stelle eröffnet uns das Wort Inkompetenzkompensationskompetenz einen wesentlichen Hinweis auf die sozialverträgliche Gestaltung von Schwächen. Jede Stärke (Kompetenz) beinhaltet auch eine Schwäche (Inkompetenz). Damit ich die Stärke nutzen kann, aber die Schwäche nicht mein Leben nachhaltig stört, muss ich es lernen, die Schwäche kompetent zu kompensieren. An dieser Stelle erscheint oft das beliebte Beispiel: Wenn ich wütend nach Hause komme, sollte ich nicht den Hund treten, sondern Holz hacken...

Wenn ich nicht kompetent meine Inkompetenz kompensieren kann, dann führt es beispielsweise zu den eingangs beschriebenen inakzeptablen Eheregeln von Albert Einstein. Er musste auch die Folgen seiner sozialunverträglich kompensierten Inkompetenz erleben: Seine Frau trennte sich bereits nach einem Jahr Berlin von ihm.

Wichtig bleibt der Grundsatz: Der erste Schritt zur Lösung eines Problems ist die Anerkenntnis desselbigen. Das heißt, ich muss mich von dem Verfahren trennen, Inkompetenz unter den Teppich zu kehren und zu tarnen. Stattdessen muss ich Inkomptenz als Teil meiner Persönlichkeit anerkennen und offensiv mit ihr umgehen, um kompetente Wege zu entwickeln sie sozialverträglich zu kompensieren.

18. „Mehr Raum einnehmen als individuelle Persönlichkeit"

-- ein Aufsatz für Christina M. und Michael V.

Grundsätzlich bedeutet die Absicht, mehr Raum einzunehmen einen Abschied von der These einer Bedeutungslosigkeit der eigenen Person.

Es gilt nicht mehr stets reaktiv den Forderungen der Umwelt zu entsprechen. Auch wenn uns im Elternhaus und in der Schule eingetrichtert wurde, die von oben vorgegeben Erwartungen und Ziele möglichst genau zu erfüllen.

Der Ansatz einer aktiven Persönlichkeitsarbeit beginnt somit mit dem ersten Schritt, die eigene Person mit seinen individuellen Bedürfnissen in das Zentrum zu stellen.

John Locke wies schon vor langem darauf hin: „Persönlichkeit kommt nur intelligenten Akteuren zu, die zu einem Gesetz fähig sind, sowie zu Glück und Leiden." Das bedeutet, eine Person muss in der intelligenten Lage sein, für sich selbst Gesetze aufzustellen sowie individuelle Glücks- und Leidensfaktoren zu benennen.

Zu dieser Intelligenzfähigkeit gehört auch die Kompetenz, die Gesetze sowie Glücks- und Leidensdefinitionen der sozialen Umwelt zu erkennen und sich reflexiv damit auseinanderzusetzen.

Eine Persönlichkeit ist kein statisches Gebilde, welches einmal grundsätzlich in der Kinder- und Jugendzeit geprägt wurde. Es gibt Veränderungen der Persönlichkeit direkt in der situativen Interaktion. „Ich bin, aber ich habe mich nicht, darum werden wir erst" formulierte Ernst Bloch. Da sich die Persönlichkeit in der jeweiligen Interaktion unterschiedlich darstellt, herrscht auch eine Uneinigkeit bei den Psychologen über eine Definition von Persönlichkeit. Ein Großteil der neueren Definitionen hebt grundsätzlich die Einzigartigkeit und die Komplexität des Persönlichkeitsaufbaus hervor. Der Einzigartigkeit des Ich bin in der Prägung steht allerdings die Komplexität des Ich werde in der Interaktion zur Seite.

Als Aufgabe bleibt die von Jean Paul Sartre benannte: „Es kommt im Leben darauf an, etwas aus dem zu machen, was man aus uns gemacht hat." Wenn die Persönlichkeit einer individuellen Person mehr Raum in dem täglichen Lebensgeschehen einnehmen soll, steht somit am Anfang die Frage: „Wer bin ich?" Hier bleibt zwar grundsätzlich der von Dietrich Bonhoeffer benannte Umstand der Verwirrung wirksam ...

Wer bin ich? Der oder jener?
Bin ich denn heute dieser und morgen ein anderer?
Bin ich beides zugleich?
Vor Menschen ein Heuchler und vor mir selbst
ein verächtlich wehleidiger Schwächling?
Oder gleicht, was in mir noch ist,
dem geschlagenen Heer,
das in Unordnung weicht vor schon gewonnenem Sieg?

Wer bin ich? Einsames Fragen treibt mit mir Spott.

(aus „Widerstand und Ergebung)

... aber trotzdem ist die Klärung der Eigendispositionen ein wesentlicher Faktor für jede Persönlichkeitsarbeit.

Als ein erster Zugang zur Frage nach der eigenen Person kann die Bedeutung des Wortes Person dienen. Im 13. Jahrhundert wurde das Wort Person aus dem lateinischen persona, d.h. Maske des Schauspielers, ins Deutsche übernommen.

Am bekanntesten ist daneben die Ableitung von lat. personare für durchtönen. So wie die Stimme eines Schauspielers durch die Maske hindurchtönt, kann auch die Umwelt die Struktur, die individuellen Persönlichkeitsdispositionen einer Person hören, wenn ein Gespräch die Oberflächlichkeit verlässt und persönlicher wird.

Das Wort Person direkt setzt sich aus zwei Worten zusammen: Per gleich hindurch und son von lat. sonare gleich klingen, tönen. Es gilt im Rahmen der Persönlichkeitsarbeit zu klären, was aus mir heraustönen soll, welche Botschaften meine Interaktionen persönlicher und damit für meine soziale Umwelt wahrnehmbarer machen.

Das „Was ist in mir drin und was tönt aus mir heraus?" klärt sich bei der Bearbeitung der Frage, was mich in den drei Feldern - Vergangenheit, Gegenwart, Zukunft – bewegt. Im Einzelnen bedeutet eine aktive Persönlichkeitsarbeit somit im

- Bereich der Vergangenheitsbewältigung: Das Erlebte ansehen und nicht im Untergrund grummeln lassen. Das Gute bewahren, das Schlechte beerdigen.

- Bereich der Gegenwartsstrukturierung: Festlegen, was für mich im Hier und Jetzt relevant und notwendig ist.

- Bereich der Zukunftsklärung: Die Zielfelder klar definieren, für die es sich in der Gegenwart anzustrengen lohnt.

Hier ergeben sich in den einzelnen Bereichen unterschiedliche Anforderungen an die Bearbeitungsstrukturen.

- Für den Bereich der Vergangenheit:

  Die Persönlichkeitsarbeit kann allein oder mit professioneller Hilfe durchgeführt werden. Eine externe Unterstützung ist bei notwendigen Knotenauflösungen einzusetzen, wenn immer wieder Dinge aus der Vergangenheit die Gegenwart negativ beeinflusst.

- Für den Bereich der Gegenwart:

  Auch hier kann allein gearbeitet werden. Oder mit einem sachorientierten Gesprächspartner die Klärung der Zielfelder für die aktuellen Veränderungen in den drei Hauptlebensfelder Beruf, Familie, Freizeit (peer group) in den Blick genommen werden.

- Für den Bereich der Zukunft:

  An dieser Stelle sollte auf jeden Fall der Lebenspartner, mit dem eine Verbindung durch einen gemeinsamen Lebensentwurf für die Zukunft besteht, eingebunden werden. Die hier zielführende Fragestellung formuliert von hinten her: Was muss ich erlebt oder erreicht haben, damit ich zufrieden sterben kann?

Entscheidend für den Erfolg des Mehr-Raum-Einnehmens ist die Vermeidung des konfrontativen und der Einsatz des konstruktiven Ansatzes.

In einer konfrontativen Auseinandersetzung mit meinen Ängsten und Wünschen entsteht eine Front; Wut und Trauer werden handlungsleitend. Der konstruktive Arbeitsansatz bedeutet, dass eine neue Struktur aufgebaut wird. Hier kann das Selbstvertrauen entstehen, vergangene Brüche zu bewältigen und effektive Strukturen für die Zukunft im Rahmen der individuellen Persönlichkeitsarbeit festzulegen.

19. „Karriere erlebt man nicht, Karriere macht man"

-- ein Aufsatz für Karolin K. und Olaf W.

Viele Menschen träumen von einer beruflichen Karriere.

Allerdings beginnt diese Karriere oft nicht, denn sie verlieren aus dem Auge, dass man seine persönliche Karriere nicht passiv erlebt, sondern diese nur eintritt, wenn man sie aktiv gestaltet.

Nur selten wird der Passive am Straßenrand vom Erfolg überrascht.

Diejenigen, die am Straßenrand oder im Hafen warten, dass sie jemand über das Meer bringt, werden lediglich Schiffsjungen. Nur die Person, welche eine wirkliche Sehnsucht nach dem fernen Land treibt, wird die Kraft entwickeln, ein eigenes Schiff zu bauen und das Meer zu überwinden. Sie wird den Traum vom Erreichen des fernen Landes hinter dem Meer realisieren.

Wenn ich Menschen dazu bringen will,
über das Meer zu fahren,
dann muss ich ihnen nicht zeigen,
wie man ein Schiff baut,
sondern in ihnen die Sehnsucht
nach den fernen Ländern wecken.

So auch im Bereich der Karriere: Wer stets passiv darauf wartet, dass er diese erlebt, wird aus dem Status des Schiffsjungen nicht herauskommen. Lediglich der, der sich auf den Weg macht, den Traum von einer Karriere in die Realität umzusetzen, wird zum Besitzer eines eigenen Schiffes, welches ihn über das Meer trägt. Der Traum vom fernen Land wird ihn aktivieren und er wird seine Karriereträume realisieren.

Dabei gilt allerdings:

Träume sind Schäume - wenn sie nicht in ein konkretes Handlungskonzept münden. Die entscheidenden drei „R" eines Konzeptes zur Traumrealisierung sind die Realitätsüberprüfung, die Ressourcenkontrolle und die Rückendeckung.

Die Realitätsüberprüfung geht der Frage nach:
Gibt es das Land meiner Träume?

Wo verbirgt sich das Wissen, ob es dieses Land meiner Karriereträume auch wirklich gibt? Wo finde ich Atlanten, in denen die nötigen Seekarten verzeichnet sind? Es gilt den Markt zu beobachten: Durch aktuelle Literatur, Sachkenntnis und die Beobachtung der eigenen Firmenentwicklung und Branchentendenzen wird deutlich, ob das angestrebte Traumland tatsächlich real existiert.

Die Ressourcenkontrolle geht der Frage nach:
Was muss ich einsetzen?

Durch eine eigene Potentialanalyse wird deutlich, welche Komponenten nötig sind, das ferne Land zu erreichen. Dabei wird auch die entscheidende Frage geklärt, über welche Potentiale ich bereits verfüge und wie ich die nötige Kompetenzerweiterung erhalte.

Bei dem Stichwort Rückendeckung wird die Frage bearbeitet:
Wer kommt mit?

Um die Träume von meiner Karriere in die Realität umzusetzen, brauche ich zum einen im privaten Bereich die Unterstützung durch meine Kernfamilie und meine Freunde. Es ist wesentlich, dass diese mich auf meiner Reise begleiten und bei der Klippenbewältigung nicht im Stich lassen. Beruflich benötige ich Förderer und Berater, die mir den Blick und die Türen öffnen. So ergeben sich Wege, die ich beschreiten kann, um meine Träume zu realisieren.

Nachdem die drei „R“ bearbeitet sind, und ich einen Karriereplan entwickelt habe, bleibt immer noch die entscheidende Aktion. Der Aufbruch für die Fahrt über das Meer. Jede noch so lange Wanderung beginnt mit dem ersten Schritt vor die Haustür. So auch bei der Gestaltung der persönlichen Karriere: Sie mag ein langer Weg sein, aber selbst der längste Weg beginnt mit dem ersten Schritt.

Dabei beinhaltet jeder Aufbruch ein grundsätzliches Wagnis. Ich verlasse die Geborgenheit meiner bisherigen Hütte des Lebens. Ich habe lange an ihr gearbeitet, mich dort gut eingerichtet und weiß, wo alles steht. Sie gibt mir einen geschützten Rahmen für das tägliche Leben. Wenn ich mich auf den Weg einer Karriere mache, dann muss ich den Mut haben, diese Geborgenheit aufzugeben.

Die einzelnen Menschen mit ihren individuellen Persönlichkeiten entwickeln dabei verschiedene Verhaltensweisen. An dieser Stelle trennen sich beispielsweise die Schiffsjungen und die Kapitäne. Das Sprichwort „Lieber den Spatz in der Hand, als die Taube auf dem Dach“ wird unterschiedlich umgesetzt: Während der Schiffsjunge lieber den Spatz in der Hand festhält, nimmt der Kapitän die Taube auf dem Dach in den Blick und bricht auf, diese auch zu erreichen. Der Kapitän setzt dabei die Kraft seiner Erfahrung und Handlungskompetenz ein, entwickelt eine individuelle Strategie, nutzt die Möglichkeiten zur Zusammenarbeit, baut ein Schiff und macht sich auf den Weg.

Das Gehen ist das Muster eines jeden Entwicklungsprozesses. Jede Gehbewegung verläuft als ein rhythmisch ständig aufgefangener Fall. Ohne das Wagnis des Fallens ergibt sich keine Dynamik. Entwicklungsprozesse gehen so vonstatten als ein Pendeln zwischen Sicherung und Entsicherung. Die Sicherung bedeutet das sichere Stehen zur Planung des nächsten Schrittes. Die Entsicherung beinhaltet das Risiko des Fallens. Bei jedem Schritt ist nicht von vorne herein festgelegt, ob er auf sicherem Boden endet wird oder den Auftakt eines Stolperprozesses darstellt.

Eine Karriere wird nur der gestalten, der den Mut zur Entsicherung entwickelt und das selbst verantwortete Risiko des Fallens eingeht. Daneben muss er bereit sein, die Geborgenheit des alltäglichen Ablaufs in der Komfortzone zu verlassen. Auch für Kolumbus war der Weg zu fernen Ländern mit vielen Mühen und Entbehrungen verbunden.

Ein Hinweis der Altvorderen verweist an dieser Stelle auf die Notwendigkeit Unbequemlichkeiten einzugehen:

Das Blumengärtlein muss manchmal umgegraben werden,

damit fruchtbares Ackerland entsteht.

20. „Die Verortung von externer Beratung"

-- ein Aufsatz für Peter K. und Gerd E.

In der modernen Systemtheorie geht man aufbauend auf Niklas Luhmann bei der Betrachtung lebender Systeme von der Unterscheidung von

- biologischen,
- psychischen und
- sozialen Systemen aus.

Die einzelnen Operationen
der drei Systeme werden dabei folgendermaßen unterschieden:

- Das biologische System verwirklicht sich durch chemisch-physikalische Prozesse. Diese führen zum Aufbau biologischer Strukturen, die dazu dienen, das biologische Leben und Überleben zu sichern.

- Das psychische System verwirklicht sich durch kognitiv-emotionale Prozesse und entwickelt kognitiv-emotionale Erlebens- und Sinnstrukturen, die Orientierung geben und dadurch aber auch die eigenen Möglichkeiten begrenzen können.

- Das soziale System verwirklicht sich durch kommunikative Prozesse, die bestimmte Kommunikationsabläufe wahrscheinlicher machen als andere und so den Aufbau kommunikativer Muster - und damit Problemlösungsstrategien - ermöglichen.

Jedes dieser drei Systeme vollzieht seine Operationen der jeweiligen inneren Struktur entsprechend, also struktur determinert und autonom. Dennoch kann kein System ohne die jeweils anderen existieren. (Vgl. Einführung in die Praxis der systemischen Therapie und Beratung, Klein/Kannicht: Auer Verlag, Heidelberg 2009)

Diese drei Systemebenen dienen als Grundlage für eine systemische Therapie und Beratung. Es bearbeiten unterschiedliche Professionen die jeweiligen Arbeitsfelder mit unterschiedlichen Interventionsansätzen.

Dementsprechend ist es für jedes erfolgreiche change management wichtig, vorab zu klären, an welcher Stelle bei dem lebenden System mit einem Veränderungsprozess begonnen wird, weil dort der größte Handlungsbedarf besteht. In der Regel zeigt sich während der Arbeit, dass weitere Bereiche aus den anderen Systemebenen ebenfalls eine Beachtung benötigen. Daneben werden die Handlungsfelder der einzelnen Systeme von speziellen Professionen mit unterschiedlichen Interventionsansätzen bearbeitet.

Das biologische System

Unterstützer-profession	exemplarische Handlungsfelder	grundlegender Interventionsansatz
Arzt	Unruhezustände, Herzrasen	Diagnose, medikamentöse Hilfen

Das psychische System

Unterstützer-profession	exemplarische Handlungsfelder	grundlegender Interventionsansatz
Therapeut	Entwicklungs knoten, Vermeidungs-verhalten	Schleifenklärung, Änderungsansätze

Das soziale System

Unterstützer-profession	exemplarische Handlungsfelder	grundlegender Interventionsansatz
Berater	Zielfeld-diffusionen, Handlungsabrisse	Zieldefinitionen, Prozessbegleitung

An dieser Stelle beschäftigen wir uns nur mit dem Ansatz der Beratungsarbeit im Bereich des sozialen Systems. Er besteht darin, durch Impulse von außen die bestehende Situation im gelebten Gesamtsystem zu reflektieren und Wege zur Optimierung anzubahnen. Es gilt über den Tellerrand der herrschenden - und damit handlungsleitenden - Gedankenstrukturen hinauszublicken.

Für den Erfolg jedes Veränderungsprozesses ist es notwendig, dass vor Arbeitsbeginn ein Kontrakt geschlossen wird. Beide Partner verpflichten sich darin, einen festgelegten Rahmen einzuhalten. Dort werden die zeitlichen, inhaltlichen und finanziellen Eckpunkt geregelt. Es wird dadurch u.a. vermieden, dass es zu Versandungen kommt, die zu - für alle Seiten - unbefriedigenden Abbrüchen führen.

Damit sich keine diffuse Träumerei einstellen, steht am Anfang der Arbeit eine genaue Analyse der Ausgangslage und des Zielfeldes. Jede Veränderungsarbeit sollte daneben nicht zufälligen Entwicklungen überlassen bleiben, sondern die Vorgehensweise sollte klar strukturiert sein.

Dafür stellt beispielsweise der PUSTE® Leitfaden einen einfachen und wirkungsvollen Aufbau zur Verfügung, der in unterschiedlichsten Unternehmen von Führungskräften als effektiv bewertet wurde.

Der PUSTE® Leitfaden arbeitet in folgenden Schritten in einzelnen Zielfeldern mit unterschiedlichen Fragestellungen:

P	Die **P**roblematik der DauerSchlaglöcher und die **p**hantastischen Visionen: Was genau bewegt mich in den einzelnen Handlungsfeldern?
U	Die **U**rsachen der Entstehung und die **U**rsachen der Verhinderung: Wo sind meine Persönlichkeitsdispositionen ursächlich beteiligt?
S	Das **S**pielfeld und die **S**trategie der „Logik des Gelingens“: Welches Spielfeld will ich betreten und welche Veränderungen erreichen?
T	Die **T**ools und die **T**eammitglieder: Welche Techniken und welche Unterstützer kann ich einsetzen?
E	Die **E**valuation des Gegenwärtigen und der **E**ntwurf des Zukünftigen: Wo stehe ich jetzt und welche neuen Spielfelder warten auf mich?

Grundlegend bleibt bei jedem Beratungsprozess, dass der Beratende als lebendes System selbst der Ursprung jedes Veränderungsprozesses ist. Der Einstieg eines jeden change managements liegt ausschließlich in seiner Hand. Er muss dabei stets bei allen Prozessen die volle Verantwortung für sein Handeln übernehmen. Im Mittelpunkt jeder teilnehmerorientierten Beratung steht, dass keine externen Lösungen vorgegeben werden, sondern der Einzelne bei seiner eigenen individuellen Entwicklungsarbeit unterstützt wird. Dabei gilt, dass Wissen und Erkennen nicht schon Verändern und Erreichen bedeutet. Der erste Schritt bei einem Veränderungsprozess ist eine Erschütterung der Selbstzufriedenheit mit dem Bestehenden und das Gefühl einer Dringlichkeit von Veränderungen.

Im Beratungsprozess wird ein neues Zielfeld deutlich, welches die Vergangenheit von der Zukunft unterscheidet. Individuelle Handlungsräume werden geklärt, damit die festgelegte Strategie auch wirksam werden kann. Bei der Prozessbegleitung achtet der Berater vor allem auch darauf, dass während der Implementierung der Veränderungsstruktuen ein Rückfall in die alte Bequemlichkeit vermieden wird.

Bestehende Lebens- und Arbeitstrukturen stellen oft die Gefahr dar, als zählebige Traditionen jede Veränderung zu unterhöhlen, so dass ein wichtiger Wirkfaktor des Erreichens von Zielen die Beharrlichkeit im Veränderungsprozess ist.

Nachwort

Neulich im Gottesdienst hörte ich den Bericht des Besuchs von Jesus bei Maria und Martha aus dem Lukasevangelium. Es hat mich wieder einmal fasziniert, wie Martha das tradierte und angebrachte Richtige im Bereich der Gästebewirtung aktiv umsetzt und daneben Maria situativ die Chance zur Begegnung, zum Zuhören und zur Reflexion nutzt.

Wie Martha und Maria erlebe auch ich im alltäglichen Leben oft die Aufforderung mich zu entscheiden. Soll ich situativ wie bei Bert Brecht als Ja – Sager der Tradition folgen und B sagen oder als Nein – Sager neue Wege entdecken und A verwerfen?

Von Lawrence Peter Berra, besser bekannt als Yogi Berra, dem legendären Catcher der New York Yankees, stammt folgender hilfreiche Hinweis:

Wenn Du zu einer Gabelung im Weg kommst,
dann nimm sie!

Es bleibt als grundlegender Wirkfaktor gültig: Egal, wohin ich gehe oder für was ich mich entscheide: Manifestierter Stillstand bedeutet Rückschritt – und das nachhaltige Engagement für mein eigenes Leben lohnt sich für mich allemal.

Printed by Books on Demand GmbH, Norderstedt / Germany